初心映照新时代

——天津红色资源润心式大中小学全媒体思政课

本书编写组 编

人民出版社

责任编辑：刘江波
责任校对：刘丽丽
装帧设计：黄燕美

图书在版编目（CIP）数据

初心映照新时代：天津红色资源润心式大中小学全媒体思政课 / 本书
　编写组编 . — 北京：人民出版社，2022.9
ISBN 978-7-01-025065-6

Ⅰ.①初…　Ⅱ.①本…　Ⅲ.①中小学—思想政治教育—研究—天津
　Ⅳ.① G631

中国版本图书馆 CIP 数据核字（2022）第 169760 号

初心映照新时代
CHUXIN YINGZHAO XINSHIDAI
——天津红色资源润心式大中小学全媒体思政课

本书编写组　编

人民出版社 出版发行

（100706　北京市东城区隆福寺街 99 号）

天津鑫旭阳印刷有限公司印刷　新华书店经销

2022 年 9 月第 1 版　2022 年 9 月第 1 次印刷
开本：787 毫米 ×1092 毫米 1/16　印张：11
字数：150 千字

ISBN 978-7-01-025065-6　定价：48.00 元

邮购地址 100706　北京市东城区隆福寺街 99 号
人民东方图书销售中心　电话（010）65250042　65289539

本书编写组

主　　任：叶蓁蓁　韩庆祥

副 主 任：潘　健

主　　编：朱新华　王　浩

副 主 编：唐玉洁

序
Preface

大思政课探索的"天津样本"

天津市积极主动探索大思政课创新，主要是贯彻落实习近平总书记关于搞好思政课建设的指示精神，注重对青年学生的培养，为培育中国特色社会主义事业的接班人作出天津贡献。习近平总书记在"七一"重要讲话中说："新时代的中国青年要以实现中华民族伟大复兴为己任，增强做中国人的志气、骨气、底气，不负时代，不负韶华，不负党和人民的殷切期望！"天津进行大思政课建设的资源较为丰富。中共天津市委宣传部、中共天津市委教育工委、天津市教育委员会、人民网联合策划，对"初心映照新时代——天津红色资源润心式大中小学全媒体思政课"作出了创造性的有益探索。

人民网是"网上的人民日报"，具有独特的政治价值、传播价值、品牌价值、平台价值、投资价值等五大价值优势。此次课程设计中，体现出了高度的政治站位、高度负责的精神以及我们党所倡导的守正创新精神。首先，课程结合"九个必须"和新时代对青年要求，设置10个主题，即"人生道路的选择""永远跟党走""为人民服务""发展21世纪马克思主义""走自己的路""强国有我""坚定不移走和平发展道路""奋进新时代""画出最大同心圆""勇于自我革命"等。其次，把思政课堂搬到了成为新时代红色资源的红色场馆等地方。20余所大中小学的学生走进觉悟社旧址、平津战役纪念馆等革命纪念场馆，以及习近平总书记视察过的天津港、天津市和平区朝阳里社区志愿服务展馆等，使学生沉浸式地体验学习津沽大地上的红色经典和身边感人事迹，增强代入感，引发学生的心灵共鸣。第三，发挥不同主体的作用。天津市根据不同的主题，选择不同的场景，由相关思政课教师、各界相关精英和大中小学生共同参加。同时聘请大中小学思政课一线教师作为课程主持人，引导学生思考，请他们提问，然后请相关人员解答，使学生也成为了思政课的主体。

天津市进行大思政课创新的主要方法，就是充分发挥人民网的平台价值，有效整合各方资源。在课程设计中，注重专家讲解与学生提问互动，增强青少年学生对党的创新理论感悟理解：知名专家学者和重量级嘉宾现身课堂，结合"九个必须"对初心故事进行引申解读，解疑释惑，引导激发青年群体紧扣习近平总书记"七一"重要讲话精神，观照现实，深入思考；同学们反客为主，从被动地听讲到直面自己关心的现实问题大胆发问。通过面对人生道路的选择，"人民英雄"张伯礼院士怎么做？从"玻璃房子"到问鼎世界之巅，中国超算如何逆袭？"无逆转不天津"，天津女排一次次逆转的秘诀是什么？鲜活的故事和专家的互动问答，生动、具体的纵横比较，把道理讲明白，让学生能理解，从而使"思政小课堂"与"社会大课堂"紧密结合，使学生从现实社会中获取营养。

天津创新大思政课探索具有鲜明的特点：一是体现了一体化特点。大中小学学生和思政课教师全学段参与，教学设计根据学生成长规律，结合不同年龄段学生的认知特点，精心设计提问互动环节。二是绘就了大思政育人"同心圆"，依托人民网媒体平台延展了课堂"半径"，丰富了育人主体和渠道，增强了思政课的时代感和吸引力，汇聚起"大"的合力。三是体现了落实落细的特点。课程坚持习近平总书记 2019 年"3·18"讲话精神，既坚持习近平总书记对思政课教师提出的"八个统一"，也努力做到习近平总书记对思政课教师提出的"六项要求"，以增强思政课的思想理论性、亲和力和针对性，取得了入脑入心的育人效果。

韩庆祥

（作者为中央党校一级教授、中央党校专家工作室领衔专家）

目 录
Contents

1

人生道路的选择

拍摄场景

觉悟社旧址

本期主持人

朱爱武　天津市南开中学政治教师

本期嘉宾

主题讲解人：迟爱民　觉悟社旧址讲解员

故事分享人：肖光文　南开大学马克思主义学院副教授

故事剖析人：张伯礼　中国工程院院士 天津中医药大学名誉校长

学生

南开大学马克思主义学院学生

天津市南开中学学生

天津市和平区岳阳道小学学生

环节一：开场

主持人：朱爱武

　　同学们好！今天我们来到了觉悟社旧址，开展思政课实践教学，我们学习的主题是"人生道路的选择"。我们知道价值观对认识世界和改造世界具有导向作用，是人生的重要向导，我们应该树立什么样的人生价值观呢？怎样做出正确的价值判断和价值选择，走好自己的人生道路呢？

环节二：主题讲解

主题讲解人：迟爱民

　　这幅油画向我们生动地描绘了二十位社员的形象，这二十位社员就是我们觉悟社的十位男学生，十位女学生。他们主要来自两大组织，分别是天津学生联合会和天津女界爱国同志会。1919年8月，天津的学生

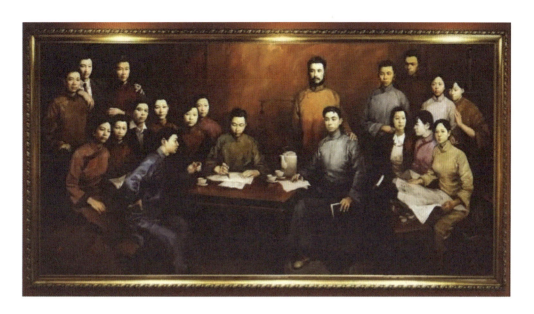

代表赴北京的一次请愿结束后，当时爱国学生们乘坐了一列平津慢车返回天津，旅途中，大家对天津学生运动的形势进行了一次深入的讨论，最终达成了三点决议。

视频 油画《觉悟的宣言》的背景故事

第一点，要积极学习北京学联的斗争经验，组成男女学生共同构成的新学联。第二点，要出版一个小册子，记载世界革命的新思潮，也就是觉悟社的社刊《觉悟》。第三点，要积极地组织一个由男女学生共同组成、其组织形式更为严密、人员更为精简的进步小团体，使团体持久巩固地引领天津学生运动的发展。就这样，爱国学生们回到天津之后立即付诸了实践。1919 年 9 月 16 日，觉悟社正式成立了。

《北京晨报》这样形容觉悟社——它是天津学界中最优秀、纯洁、奋斗、觉悟的青年结成的小团体，是天津的小明星。

觉悟社成立仅仅五天后，李大钊先生到了天津，他走进社员之中，对大家进行思想指导。他勉励社员们要积极阅读发表在《新青年》上的

这个小册子要记载世界革命的新思潮

进步的马克思主义学说。

在李大钊先生的启迪下，社员们开始集中学习、研讨马克思主义学说，并且在当时始终勇敢地矗立在天津学生运动的第一线，领导天津的学生运动，领导天津的反帝爱国运动。

1920 年 7 月 17 日，觉悟社召开了一次年会。在年会上，周恩来同志提到了一个重要的主张——把五四运动以后产生的爱国进步的新式团体团结在一处加以改造，共同斗争。这个主张得到了大家的一致赞许，大家将他的主张概括为四个字：改造联合。

其中就提到了一句五四时期重要的口号：到民间去，切切实实做点事。在这句口号的呼吁之下，觉悟社的社员们也星散到了各地，以不同的形式开展着救国运动。此后，周恩来同志乘坐波尔多斯号远赴法国，开始追寻马克思主义的真理之路。邓颖超同志继续留在天津，创建了女星社，领导天津的妇女解放事业。

· 环节三：故事分享

🎙 主持人：朱爱武

天津市南开中学政治教师
朱爱武

他们中有些人坚定信仰并践行一生

　　我们了解到觉悟社的社员们最终走向了不同的人生道路，他们中有人坚定信仰并践行一生，成为伟大的革命先驱，例如周恩来、邓颖超、马骏，也有人走上了不同的发展道路。今天我们请到了南开大学马克思主义学院副教授肖光文，欢迎肖老师。

✋ 故事分享人：肖光文

　　大家好，我是南开大学肖光文。

🎙 主持人：朱爱武

　　肖老师，您怎样看待觉悟社社员们走上不同的人生道路？

视频 肖光文对觉悟社社员选择不同人生道路的看法

👤 **故事分享人：肖光文**

当年，成立觉悟社的主要是一群年轻人，大约都在 20 岁左右，正好是人生价值观的成长期、养成期，这样的一个人生的特殊阶段，他们的理想、信仰，并不是一下确立的，最后人生的轨迹和结局可能不太一样。

觉悟社绝大多数青年最后都走上了革命的道路，像刚才您讲的周恩来、邓颖超、马骏，有很多人虽然没有走上革命道路，但在不同的岗位，给这个民族、这个国家、这个社会做出了不同的贡献。所以在我们人生成长的过程中，首先要确立正确的世界观、人生观和价值观，然后沿着自己的理想去努力、去奋斗，有决心、有毅力、有恒心，最重要的是用行动去践行我们的初心。

只有把小我融入大我，才会有海一样的胸怀，山一样的崇高，为我们的国家，为我们的社会做出我们的贡献。

👤 **学生：王紫淇**

肖老师，您好！我是南开中学学生王紫淇，高考（2021年）全国卷的作文题目是《可为与有为》。我们处在一个大有可为的时代，怎样才能在这样一个伟大的时代中有所作为呢？

天津市南开中学学生
王紫淇
怎样才能在这样一个伟大的时代中有所作为呢

✍️ **故事分享人：肖光文**

你提这个问题非常有时代性，如何在这个时代大有可为、大有作为，首先我们要正确地认识、理解、把握这个时代。

视频 如何在这个伟大的时代中有所作为？

我们现在处于两个大变局之中，一个是中华民族伟大复兴的战略全局，一个是世界百年未有之大变局。

我们把握这个时代的特征，就要融入这个时代中，只有融入这个时代中，符合时代潮流去选择职业、理想，才可能大有可为、大有作为。因为时代给我们提供了更好的人生机遇，时代给我们提供了更好的人生舞台。

我们应当立大志，关注这个时代，融入这个时代，锻炼好自己，提炼好自己，提升好自己的各种水平、能力，在这个时代中成就我们个人的价值的同时，也为我们国家民族做更大的贡献。其实就是，把小我融入大我，然后在时代的发展中实现我们人生的美丽华章。

也为我们国家民族做更大的贡献

学生：李政仪

肖老师好！我是南开大学的李政仪，我学的是基础学科，毕业后如果我继续选择本专业行业的话，就会面临着坐几年的冷板凳，我身边不少人选择去考公或者选择去街道办事处，还有人选择赚快钱。我想问您的是面对理想和现实，我该如何抉择？

就说我坐了这么长时间冷板凳

故事分享人：肖光文

理想很丰满，现实很骨感，理想和现实总是有差距的。之所以叫理想，是因为它高于现实，我们现在大学生就业压力确实会比较大，选择也比较多，但是究竟怎样的人生选择才是最好的？

视频 面对理想与现实，该如何抉择？

我有一个理念，没有最好的，只有最合适的。你要正确地认识到时代、社会、国家的发展需要什么，还要正确地认识到你有什么样的能力和水平，你能干什么。只有你适合这个岗位之后，你的工作才更有乐趣，更加积极，更加主动。

做基础学科研究是比较辛苦的，也是比较枯燥的，可能在今天快节奏的社会中，很多年轻人坚持不下去，说我坐了这么长时间冷板凳没有出来想象的成绩和结果，所以就放弃了。

今天我们有很多"卡脖子"的技术，而这些"卡脖子"的技术不仅仅是在应用学科里，实际上大量是在基础学科里，我们现在需要大量的人从事这样的工作。所以，我建议你继续坚持你的专业，把根扎牢扎深，在这个领域继续坚持，有恒心、有毅力坚持下去，一定会取得自己想要的成绩。即使最后没有成功，也没有关系。人生本来就是一个过程，在这个过程中你经过奋斗、经过努力、经过探索，本身就是最精彩的。

环节四：专家剖析

主持人：朱爱武

同学们，我们今天的实践课堂荣幸地请到了"人民英雄"张伯礼院士，有请张院士给我们分享他的人生感悟。

故事剖析人：张伯礼

很多人问我，到了这个年纪了，你对自己的一生的感悟最深的是什么？回眸自己的几十年来，自己喜欢的事，也是自己所从事的专业，不惧怕它小，不惧怕它难，而是认真、执着，力争把它做到最好，精益求精。同时还要善于总结经验，不犯同样的错误，就是聪明的人。这样积少成多，慢慢积累了经验。开始可能就做一个小的项目，后边就可以做一个大的项目。

视频 张伯礼分享
人生感悟

开始可能我就管理一个团队，后面我可能就协调多个团队，组织很多人一起干一个重大项目，慢慢地就可以组织更大的课题。这也是成功的经验。我总结很多教授也好，很多著名的专家、很多院士大概都是如此，从小干起，对自己所从事的专业热爱，然后是投入，积少成多，慢慢地有所成功，有所作为。这也是我自己稍微取得一点成绩的经验，愿意和你们分享。

主持人：朱爱武

平凡的事情坚持做就会成就非凡。我特别想了解一下，在您的人生道路上有没有面临选择的非常艰难的时刻，您是怎样做出选择的？

故事剖析人：张伯礼

不能说每天都面临选择，但是经常面临选择。例如我们在选择自己一个选题的方向，例如面试的时候我到底要哪个学生，我要承担课题，从哪个课题方向上去切入，或者我们这个领域下一个研究方向是什么。选择都是常态的，但是如何正确地选择，我觉得和我们党的方针是一样的，实事求是，量力而行，留有余地，又要有所作为。

视频 如何应对人生中面临的艰难选择？

我们在面临选择的时候，首先要考虑自己的能力是什么，还要考虑国家的需求是什么，把两者结合起来。过去讲时势造英雄，势头发展到这儿了，乘势而上。所以，我们面临抉择的时候，一定要实事求是，量力而行，看看自己的基础，看看国家有什么需求，把两者有力地结合起来，就能做出正确的选择。

学生：孙雷

张院士，您好！我是来自南开中学的孙雷，您是我们青年人的楷模和榜样。在这里我有一个问题特别想请教您，作为青年人，我们该如何将自己的人生志向和未来选择与国家和社会的需要结合在一起呢？

我们该如何将自己的人生志向和未来选择

👤 故事剖析人：张伯礼

这是个大问题，这个也是一种选择，我在井冈山上参观了井冈山革命博物馆，那个展览我看了半天，感触很深，回来就安排我的团队，要集体到井冈山去温习党的历史，上一节党课。为什么呢？井冈山的斗争只坚持了两年零四个月，但是为了这两年零四个月的坚持，五万名红军战士牺牲了，他们的平均年龄只有 20 多岁，可是井冈山的火种，引领了中国革命的成功，同时井冈山的经验一直传到现在。

它是中国革命的摇篮，我们党的很多好的经验，如"三大纪律，八项注意"，以及团结工农，建立工农红色政权，农民耕者有其田，我们的第一部土地大纲，都是在井冈山建立的，应该说它是中国革命的一个实验室。

视频 青年人如何才能将自己的人生志向和未来选择与国家和社会的需要结合在一起？

我们很多领导革命的经验都源于井冈山。那么多的战士牺牲了，而且那么年轻，可是他们前仆后继，为什么？他们有理想，他们的理想就是要推翻旧世界，建立一个工农的新世界，就是有革命的这种崇高的理想，为它来献身、来奋斗，这是我们党成功的一个经验。

所以，我们自己的理想一定要和国家的理想，和我们伟大的事业结合起来，唯此才有生命力。年轻人一定要有远大的理想，有了理想跟没有理想完全不一样，理想就是动力，有了理想就有了追求，就有了动力，就有了成功的希望。但是只有理想不行，还得有一种实干的精神，把两者结合起来，就是成功的基础。

现在想起来我当时的一些理想，现在觉得不是理想，是幻想，有的时候是瞎想，但是都不要紧，有就好。

你们到大学以后面临着选择专业，到底选择什么方向？我当时也是很苦恼选专业，但是后来才知道，比选择专业更苦恼的是选择以后的工作。以后，面临着更多的抉择，到底该怎么做。

现在想起来，在大学的时候，在中学，甚至在小学都可以有理想，哪怕是幻想都不要紧，它都是人生的一个经历，都是你的动力，都是很重要的。但是真正到最后选择的时候，就像我刚才讲的，要实事求是，并且不管选择了什么都把它干好，只要你认真干，最后都能出成绩。

学生：纪施雨

张伯礼爷爷，我是来自天津市和平区岳阳道小学的纪施雨。我也想问您几个问题，您在抗疫一线的时候，面对新冠疫情有害怕过吗？当一些比较小的医护人员害怕的时候，您是怎样鼓励他们的呢？

故事剖析人：张伯礼

我们大队长问的问题非常好，应该说我们抗疫最大的收获之一，就是我们年轻的一代医务工作者，他们经历了这个考验，他们让我们放心了，他们成熟起来了。

我们支援武汉的队伍有 49 000 人，这些人里边青年人是主体，占了 70%，所以我说他们

视频 张伯礼谈面对疫情时医护人员的职责

"80后"是主体,"90后"是先锋,还有一部分"00后"是新锐。我问他们,大家第一次参加抗"疫",害怕不害怕。大家都喊不害怕,我说不害怕是假的,因为我也经历过,在2003年抗击"非典"的时候,我们就组织过中医的红区,就面对过现实。这次又来了,又是一种新的传染病,说害怕也是正常的,可以理解,但是面对困难,面对风险,医务工作者必须得上去。

如果说现在敌人来了,得解放军上;着火了,得消防队员上;疫情来了,当然得医务人员上了。为了群众,为了病患,必须有一种大无畏不怕牺牲的精神。但是,我们又要尊重科学,只要防护好了,自己就可以不被感染,不被感染才能保持自己的战斗力,才能为病人服务。

一个医生自己成了病人了,还需要别人照顾,那多大损失,所以一定要坚持科学。我到那儿让我们的队伍一定要培训三天,我们叫"三区两通道",穿脱隔离服是基本环节,反复训练,逐人考核。每一道关口,我还安排了一个老护士长在那儿把关,一个人一个人地过。到了进入真正的红区了,也是安排了每道关口有一个老护士长把关,这样整个脱衣服的时间就慢了,因为他脱完了另一个才能进来,这对于防护非常有必要。当大家熟练以后脱得快了,每个人耽误的时间就短了。因此,既要有一种大无畏的精神,又要尊重科学,两者结合起来。所以我们这次战斗,所有驰援武汉的医务工作者没有一个人被感染,也说明了我们这么做是对的。

年轻人要敢于担当,要承担起时代的使命,你赶上了,就要敢于面对。当时看着是很困难很有风险,但你回过头来看,又是一种幸福,因为我经历了,我实实在在地经历了,是一种很大的收获、体验。人生的感悟可遇不可求,也是一种幸福。我觉得你们面临着一个好的时代,要不负时代,不负韶华。

现在要练好基本功，学习真本领。我们国家实现第二个百年奋斗目标，责任主要在你们身上。想一想到 2050 年你们多大？

学生：（集体回答）

41 岁。

故事剖析人：张伯礼

41 岁，正好你们最好的年华是实现这个目标的过程中，所以说祖国的希望在你们身上。

环节五：结尾

学生：（集体朗诵）

我们全是学生，决不敢说已经"觉悟"，我们的决心就是齐心努力向"觉悟"道上走，同时也盼望社会上所有的人都向"觉悟"道上走，努力，奋斗。

" 新一代青年就应与国家同呼吸共命运,小事不懈怠,难事不畏惧,努力拼搏,脚踏实地,做好每一次小的选择,才能实现国家大的梦想。"

" 作为基础学科的学生,我们要有坐得下冷板凳的魄力,也要牢记当初选择专业时的初心,唯有如此才能不负韶华,不负先辈,不负这个美好而伟大的时代。"

" 就像张伯礼院士所说的,作为新时代的青年,我们应当做到脚踏实地仰望星空,既要明理也要躬行,在切身实践中不断觉悟。"

" 我们要将我们的理想信念和实干精神相结合，将我们学习的具体目标和实现中华民族伟大复兴的宏大目标相结合，在这个大有可为的时代，真正地为国家为人民有所作为。"

" 相信每一粒有梦想的种子，都会在汗水的浇灌下努力生根发芽。"

学习与感悟

问题一： 你是如何看待觉悟社社员们走上了不同的人生道路的？

问题二： 作为一名学生，你认为怎样才能在现如今这样一个伟大的时代中有所作为呢？

问题三： 你有没有面临过艰难选择的时刻？你是如何做的？

我的感悟

2

永远跟党走

拍摄场景

天津港

本期主持人

王慧娟　天津科技大学马克思主义学院教师

本期嘉宾

故事分享人：程印波　天津市滨海新区政府办公室主任

故事剖析人：张　健　南开大学马克思主义学院教授

学生

天津实验中学育华学校学生

天津实验小学滨海学校学生

天津科技大学学生

环节一：开场

👤 主持人：王慧娟

各位同学，大家好！今天我们来到天津港开展思政课实践教学。2020 年就是在这里，"歌诗达赛琳娜号"见证了天津 24 小时内化解一场重大公共卫生安全事件的奇迹。这 24 小时都发生了什么？我们为什么能够在这么短的时间之内打赢这场战"疫"呢？带着这些问题我们走入今天的课堂。

环节二：故事分享

👤 主持人：王慧娟

今天我们邀请到了天津市滨海新区政府办公室主任程印波同志，为我们分享这惊心动魄的 24 小时。

故事分享人：程印波

同学们好！很高兴为大家分享天津 24 小时打赢一场海上战"疫"的故事。

让我们把时钟的指针回拨到 2020 年 1 月 24 日，这天正是农历腊月三十，也是咱们中国人一年中最重视的除夕。

在新年的钟声即将敲响之际，天津市新冠肺炎疫情防控指挥部办公室的电话铃声突然响了起来，"歌诗达赛琳娜号"邮轮上先后有 15 人出现了发热症状，其中包括 2 名儿童、10 名外籍船员，还有 140 多名湖北籍游客。全船 4806 人的安全健康告急！"歌诗达赛琳娜号"告急！

视频 "歌诗达赛琳娜号"24 小时战"疫"

"歌诗达赛琳娜号"是否能按原计划靠岸？一旦确认疫情，病人该怎样救治，全船人该怎样隔离或留观？如何保证全体游客安全有序下船，怎样做好善后处置工作？更让人揪心的是，一旦船上确认出现疫情，不仅涉及全船人的安危，还涉及天津的安全，如果应对不力，危险将向其他地区传播乃至影响全国！这是一场考验天津担当、检验天津作为的生死战！

按照国际惯例，海关等机构对靠岸轮船进行检查多数是在轮船靠泊之后，而这一次，倘若仍然按照惯例执行，不仅要耗费大量的时间等待邮轮靠泊，同时还会给疫情防控增加更大的风险，如何决策必须当机立断！

天津市委第一时间做出了决策部署。

1月25日凌晨1点，市疫情防控指挥部下达指令：邮轮停驻离岸十五海里外的锚地，暂不进港，由专家、医务人员登船采样、开展流行病学调查；天津国际邮轮母港所有邮轮航线停航。

疫情就是命令，防控就是责任。接到指令后，滨海新区第一时间启动应急预案，细化应急处置措施，落实进港船舶登船排查检测、离港船舶暂时停航的指令，连夜研究处置方案，组建了由滨海新区政府办公室有关同志带队、区卫健委和天津海关19名医务人员组成的登船处置工作组，担当起冲向抗疫前线的"逆行者"，与时间赛跑的24小时里，毅然按下了疫情防控的"快进键"。

25日凌晨3点，当时寒冷刺骨啊。滨海新区卫健委12人和东疆海关7名工作人员，全部集中在国际邮轮母港码头，为登船取样检测做最后的准备。

25日凌晨5点。"歌诗达赛琳娜号"静静地停在锚地。14层甲板！1500个房间！4806人！这一串数字的背后意味着船上是空间密闭、人员众多聚集，把所有人员组织到餐厅检测体温虽然可以节省时间，但是无形中会增加聚集风险！于是，登船人员决定所有游客留在自己的房间，工作人员分组逐一进入房间对游客进行采样、体温监测和流行病学调查。

船上人员国籍不同，有些游客、船员就表现出了惊慌、不理解，有些游客还有抵触的心理、不配合检测，面对重重困难，我们的医务人员逐一进行耐心的说服、劝导。

采样共耗时 4 个小时，这 4 个小时不能有一分一秒的耽误，更不允许有一丝一毫的差错，每一个人员的体温测量、每一个咽拭子采样都要认真对待！必须确保万无一失！经过检测，又增加了 2 例发热状况，整个邮轮航行期间前后共有 17 例发热状况。对于这体温过高的 17 人，登船检测人员通过提取喉咙分泌物的形式进行了采样。

经排查，146 名湖北籍游客均没有出现发热症状；17 名发热的游客和船员，在近 14 天之内没有武汉旅居史。

拿到 17 个样本，下一个重要任务就是第一时间进行检测，最快速度给出结果！而锚地距港口码头有十五六海里，如果用接驳船运送取样标本，前后要耽误 3 个小时，怎么才能早一分钟送达，早一分钟处置，让船上船下的人都少一分焦急，答案是必须争分夺秒！这一步，最终决定使用直升机来进行"空中接力"。

10 点 45 分，早已做好充足准备的直升机抵达"歌诗达赛琳娜号"船尾左舷绞车点处，在甲板六七米上方悬停。医务人员顶着直升机螺旋桨的强劲风力，将放置着 17 份检测样本的黄色标本箱，悬吊在了从机舱垂下的吊钩上，标本箱缓缓升空进入机舱，直升机向海岸飞驰。空中接力告捷！

11 点 05 分，直升机返回塘沽机场，标本箱被送上了转运车，由警车开道护送，一路飞驰而去。

12 时许，检测样本送达天津市疾控中心。经过 3 个多小时的检测，17 份送检样本检测结果全部为阴性，排除新型冠状病毒感染肺炎！这一刻，从邮轮到指挥部，所有人悬着的那颗心终于落下了。已经在海上停泊十几个小时的"歌诗达赛琳娜号"这时候终于可以进港，这艘承载着数千人安全和健康的邮轮驶向天津国际邮轮母港码头。

22 点 30 分左右，3706 名游客全部下船。在下船过程中，天津海关按照程序对游客再逐一进行拍照和测温，把好第二道防控关。

早已做好游客下船后安排的滨海新区卫健委、公安局、交运局等部门分工协作，将滞留的湖北籍游客顺利安置到滨海新区政府招待所，并根据游客们的家乡口味安排了特色餐食。这时，距离天津疫情防控指挥部接到消息只过去了 24 个小时。

无论是"歌诗达赛琳娜号"这场 24 小时的战"疫"，还是全国上下应对新冠肺炎的这场全面战"疫"，都让我们看到了党和国家始终将人民群众生命安全和身体健康放在第一位，看到了一方有难八方支援的民族精神，看到了共产党员、领导干部在危急关头的情怀与担当，更让我们看到了坚持全国一盘棋，调动各方积极性，集中力量办大事的中国制度优势，为我们这个时代书写了一曲闻令而动、向险而行的英雄赞歌。

环节三：专家剖析

👤 主持人：王慧娟

紧张的时间线，体现的是各个部门当机立断、果断决策。速度中包含着力度，力度中体现着态度，态度中蕴含着温度。是什么能够让我们在这么短的时间之内打赢这场战"疫"呢？又是什么能够使各个部门协同作战，集中力量办实事呢？我们今天邀请到了南开大学马克思主义学院的张健教授。有请张健教授为我们分享。

👤 故事剖析人：张健

各位同学好！确实像刚才王老师说的，我们在 24 小时之内就能够成功地应对突发事件，也是我们抗击新冠肺炎疫情的阻击战、总体战、人民战争的成功的典型案例的一个缩影。

南开大学马克思主义学院教授
张 健
我们在24小时之内就能够成功地应对突发事件

我们为什么能够成功地应对，成功地处置？主要来源于四个方面，首先是以习近平同志为核心的党中央坚强有力的领导，以及各级党委党组织和广大党员干部冲锋在前，才能够成功应对，这叫英明决策和榜样的力量。然后还离不开全国人民一方有难、八方支援，众志成城、共克时艰，这种人民群众的伟力。同时也离不开疫情

视频 张健对"歌诗达赛琳娜号"24 小 时 战 "疫"的分析

初期，全世界，特别是一些爱国的华人华侨对国内的支持。现在我们统筹了经济社会发展和疫情防控，反过来又为全世界抗疫斗争做出重大贡献。我总结主要是这四个方面，即党中央的坚强有力领导，各级党组织坚决贯彻落实中央决策部署，党员、干部冲锋在前和全国人民众志成城、共克时艰形成的磅礴伟力，以及全世界在疫情当中更加紧密地联系成一个人类命运共同体。中国的抗疫斗争为什么能够取得胜利？天津市委市政府直接领导的这次 24 小时成功应对，为什么能够取得胜利？一定要放在大历史背景下来看这个个案。

👤 **主持人：王慧娟**

感谢张教授的精彩分享。相信通过张教授的分享，我们都了解到了"永远跟党走"这样的一个主题。同学们有问题要交流吗？

🧑 **学生：边泽宏**

老师，您好！我想请问一下，在天津刚处置完"歌诗达赛琳娜号"这件事情不久后，日本就发生了"钻石公主号"这个卫生健康事件，船久久未能进港，那么我想问一下这两件事相差那么大的原因。

👤 **故事剖析人：张健**

视频 "歌诗达赛琳娜号"战"疫"成功的原因分析

我们为什么能够成功？首先在于社会制度。因为我们的广大党员干部真正把人民的生命财产安全、人民的生命健康放在第一位，而不是仅仅考虑经济效益，这就是我们执政理念的体现。所以说在疫情当中很多人在对比，我们是真正把生命健康放在第一位。党的十九届六中全会作出

《中共中央关于党的百年奋斗重大成就和历史经验的决议》，那么在百年历史经验"十个坚持"里，第一个是坚持党的领导，第二个就是坚持人民至上，所以我们的执政理念就是人民至上，而且我们有党的各级组织，各级人民政府，各级党组织及其领导下的党员和广大群众，我们众志成城、共克时艰。这是最关键的。我们考虑的是人民群众的根本利益、长远利益。中国和全世界来对比，包括我们在疫情防控期间也向全世界各国派出了专家组、医疗队，也起到了很大的作用，同样是专家医疗组，同样是八套防控方案，为什么在中国却能够落地见效？最根本的还是社会制度问题。

👤 **主持人：王慧娟**

其他同学还有什么问题吗？

👤 **学生：石安洋**

老师，您好！歌里唱"没有共产党就没有新中国"，您刚才也讲，要永远跟党走，为什么要永远跟党走呢？

👤 **故事剖析人：张健**

视频 为什么要永远跟党走？

我们说党的领导核心地位，它是历史的选择，人民的选择，所以为什么强调大历史观呢？我们现在叫民族复兴，什么叫复兴？孙中山先生讲的是振兴中华，我们强调的是中华民族伟大复兴。复兴就是我们曾经兴过，只不过近代以来中华民族经历了磨难。

孙中山先生是伟大的革命先行者，他终结了2000余年的封建专制统治，但是反帝反封建的任务没有完成，所以说孙中山先生领导的是民主革命，中国共产党1921年诞生之后，我们叫新民主主义革命，新就新在领导权变了，不再是旧式的资产阶级政党来领导。

这次党的十九届六中全会审议通过的《中共中央关于党的百年奋斗重大成就和历史经验的决议》，号召全党要牢记中国共产党是什么，要干什么这个根本问题。中国共产党是什么呢？在我们《中国共产党章程》里边就明确地规定，中国共产党是中国工人阶级的先锋队，同时是中国人民和中华民族的先锋队，也是中国特色社会主义事业的领导核心。我们为什么能够团结带领人民从一个胜利走向另一个胜利，关键就在于我们始终代表中国先进生产力的发展要求，始终代表中国先进文化的前进方向，始终代表中国最广大人民的根本利益。所以说我们党的长期执政的地位，是历史的选择，人民的选择，也是我们党章所明确规定的。中国共产党要干什么呢？就是我们讲的"三为三谋"。什么叫"三为三谋"？为人民谋幸福，为民族谋复兴，为世界谋大同。这就是中国共产党是什么，要干什么。这是经过历史检验的，所以说是历史选择了中国共产党，是全体中国人民选择了中国共产党。

第二个它还有实践逻辑，远的不说，就是党的十八大以来中国特色社会主义进入新时代，党和国家各项事业真是取得了历史性变革、历史性成就，这是实践逻辑。

还有个理论逻辑，理论逻辑是什么呢？刚才讲人民当家作主，党是人民的先锋队。人民的先锋队，就是领导核心，这是一个；我们的政权，在《中华人民共和国宪法》里怎么讲的？中华人民共和国是工人阶级领导的、以工农联盟为基础的人民民主专政的社会主义国家。那么工人阶级领导的先锋队是共产党，工农联盟为基础，人民当家作主，人民的先锋队是中国共产党，这叫理论逻辑。

还有一个，中国共产党的领导地位是宪法规定的。《宪法》总纲第一条第一款即规定，中华人民共和国是工人阶级领导的、以工农联盟为基础的人民民主专政的社会主义国家；第二款，社会主义制度是中华人民共和国的根本制度；第三款就是中国共产党领导是中国特色社会主义的最本质特征。作为一个公民，要遵从宪法，作为青年人要带头去遵从宪法，维护宪法权威，而中国共产党的领导地位是写进宪法的，它是全体人民的共同意志。所以我们一定要听党话、跟党走。

🎙 主持人：王慧娟

感谢张老师，还有同学有问题吗？

🙋 学生：李亚男

老师，您好！我是一名大学生青年志愿者，也参加过一些疫情防控服务工作，正在积极向党组织靠拢。听党话、跟党走，强国有我，请党放心！共青团员和少先队员在党成立100周年大会上的郑重献词，道出了我们所有青年的心声。那么，我们要怎么跟党走呢？

人民视频|天津

天津科技大学学生
李亚男
也参加过一些疫情防控服务工作

故事剖析人：张健

视频 青年学生如何跟党走？

习近平总书记在纪念五四运动100周年大会上发表重要讲话，对青年人讲了六点要求：树立远大理想，热爱伟大祖国，担当时代责任，勇于砥砺奋斗，练就过硬本领，锤炼品德修为。我觉得这六个方面，其实给我们指明了途径和方向。

还有就是在庆祝中国共产党成立100周年大会上，总书记提出了新时代的青年要增强做中国人的志气、骨气和底气。这些都是新时代中国青年响应党中央的号召，增强自身能力的理论指导。

尤其我们在座的同学们，都很年轻。我们党从1921年到1949年，用28年的时间，建立了人民当家作主的新中国，那么我们今天站在新发展阶段的新起点，我们能不能再用一个28年把我国全面建成富强、民主、文明、和谐、美丽的社会主义现代化强国？你们那时候正当年，正是干事创业的时候。所以我们国家、民族的未来前景无比

初心映照新时代——天津红色资源润心式大中小学全媒体思政课

光明。希望我们在座的小学生们、中学生们、大学生们，我们共同努力。

 **主持人：王慧娟**

感谢张教授，您的分享让我受益匪浅，我相信在座的各位同学都是一样的感受。在未来的 28 年里，我相信在座的每一位同学，包括我，包括张教授，我们都能够坚定地听党话，跟党走，奉献青春力量，让中华号巨轮乘风破浪，行稳致远。好，今天的课程到此结束，谢谢大家。

结　语

"
没有共产党就没有我们今天美好幸福的生活，少年儿童要好好学习，好好锻炼，做共产主义事业的接班人。
"

"
我作为一名中学生，一名共青团员，是中国共产党的后备力量，更要坚持不懈地听党话、跟党走。
"

永远跟党走

33

"

在党的领导下，我们每每都能渡过难关，转危为安。我已提交入党申请书，接下来我会用自己的行动积极向党组织靠拢，早日成为一名党员。

"

学习与感悟

问题一： 从天津24小时打赢海上战"疫"的故事中，你获得哪些启示？

问题二： 你认为"歌诗达赛琳娜号"事件能够妥善处置的原因有哪些？

问题三： 中国共产党是中国特色社会主义事业的领导核心，这一核心地位是怎样形成的？我们怎样才能真正做到听党话、跟党走？

我的感悟

_____

_____

_____

_____

_____

_____

_____

_____

_____

_____

3

为人民服务

拍摄场景

天津市和平区朝阳里社区志愿服务展馆

本期主持人

林　茂　天津市北辰区河头学校教师

本期嘉宾

主题讲解人：苗　苗　天津市和平区新兴街道朝阳里社区党委书
　记、居委会主任

故事分享人：林则银　天津市北辰区宝翠花都社区党总支书记、居委
　会主任

故事剖析人：张泽玲　教育部高职高专思想政治理论课分教学指导
　委员会副主任委员

学生

天津市北辰区河头学校学生

天津电子信息职业技术学院学生

天津市北辰区辰昌路小学学生

天津市北辰区瑞景路小学学生

环节一：开场

主持人：林茂

同学们，今天我们来到天津市和平区朝阳里社区志愿服务展馆，开展思政实践教学，主题是"为人民服务"。2019年1月17日，习近平总书记来到这里视察，提出以人民为中心做好社区工作的具体要求。站在我身边的这位是天津市和平区新兴街道朝阳里社区党委书记、居委会主任苗苗。

环节二：主题讲解

视频 天津市和平区新兴街道朝阳里社区服务展馆介绍

主题讲解人：苗苗

各位同学，大家好！我是天津市和平区新兴街道朝阳里社区的党委书记、居委会主任，我叫苗苗。大家所在的这个展馆是"和平区社区志愿服务展馆"，大家可以看到我背后的这13位老人，这13位老人就是我们社区志愿服务最初的发起人。正是这 13 位老人在 1989 年成立了义务包户志愿服务小组，形成了我们社区志愿服务的雏形，也正是他们带领着我们一代又一代的人成为志愿者，把爱的种子撒在了我们所有的居民小区内，撒在了我们的社会上。

2019 年 1 月 17 日，习近平总书记来到了这里，当时大家真的激动极了。大家想着人民的领袖能来到我们的社区，能来到我们的小区，来到我们的志愿服务展馆，为志愿者们点赞，那证明在习近平总书记的心里，有那么一块位置是留给社区志愿者的，在总书记的心里，人民就是他的一切。在我们社区，总书记说，志愿服务是社会进步的重要标志，是广大志愿者奉献爱心的重要渠道。同学们，志愿服务就是我们用心去呵护我们的家人，呵护我们的社会，用我们的爱与奉献去帮助每一个需要帮助的人。

在总书记视察之后，我们社区家家户户都成了志愿者，在我们社区经常会有 1 代、2 代、3 代、4 代人手拉着手从事志愿服务的场景出现。在总书记视察之后，一个最明显的改变就是志愿者的人数不断地壮大，志愿服务项目的种类也在不断地递增，其实这也从另一个方面反映出，在社会主义制度的引领下，志愿服务是人人可为、处处可为、时时可为的。

青春因磨砺而出彩，人生因奋斗而升华，希望同学们能够以身作则，把我们的志愿精神传承好。就像我们会随手捡起路边的一片纸，就像我们会搀扶着老人过马路，就像我们会在我们居住的小区内照顾好邻居的爷爷奶奶，做好邻里互助、邻里守望，希望大家能用实际行动去传承好我们的志愿服务精神，传承好我们的社会主义核心价值观。

环节三：故事分享

主持人：林茂

同学们，听完苗书记的介绍，我们都能感受到社区工作者在中国共产党的领导下，始终坚持全心全意为人民服务的宗旨，在实践中把工作做到了群众的心坎里，赢得了百姓的好评。那么同学们，我们如何才能摸准群众的各种需求，及时为群众提供精准化和精细化的服务呢？今天，我们请到了全国优秀共产党员，天津市北辰区宝翠花都社区党总支书记、居委会主任林则银，现在让我们听听林书记的故事，同学们，掌声欢迎。

故事分享人：林则银

同学们好！我是天津市北辰区瑞景街道宝翠花都社区的党总支书记林则银，今天非常高兴和同学们分享一下我在社区工作的一些小小的心得。

习近平总书记强调："江山就是人民、人民就是江山，打江山、守江山，守的是人民的心。"总

视频 林则银在社区工作中的感悟

书记这饱含深情意蕴深远的讲话，彰显了人民领袖的人民情怀，揭示了江山与人民的辩证关系，也彰显了以人民为中心的发展思想，为我们广大的基层党员干部立足岗位全心全意为人民服务提出了明确的要求，提供了基本遵循。

作为社区工作者，我觉得我们就是要把以人民为中心融入内心深处，就得有给咱们的居民群众当保姆、当店小二的姿态和情怀，时刻要对我们的居民群众怀着深厚的感情。我在咱们天津的社区工作已经14年了，最深的感受就是服务群众要像孝敬我们自己的父母一样，一定要趁早，不能等。因为我记得前年（2019年）我们社区有一位103岁的老奶奶，她曾经跟我说过，她这一辈子唯一遗憾的就是没有收到过鲜花，特别羡慕现在的年轻人，过年过节的时候有人送鲜花，我当时特别干脆利落地跟这位老奶奶说，今年的母亲节我一定会给您送鲜花。我也想在母亲节当天赶紧把鲜花送给老奶奶，但是因为特殊的原因，耽误了两天，就仅仅耽误了两天，当我兴冲冲地手捧着鲜花来到老奶奶家门口的时候，一敲门屋里有个人出来告诉我说，你不要进去了，老人家已经在头一天晚上去世了。当时我手捧着鲜花，左脚已经进了老奶奶家了，右脚还在门槛外面，我特别地尴尬，在那一刻作为一名社区书记，一名社区带头人，真的体会到了咱们中国的那句古话，"子欲养而亲不待"。在回来的路上我一遍又一遍地检讨我自己，我觉得是因为我们平时的工作没有做到位，服务群众还不够及时，才导致老奶奶生前这么一个小小的心愿都没有实现，所以我特别地难过，也特别地内疚。在回来的路上，我骑着一辆破旧的电动车，风呼呼地刮，我的泪水就不由自主地一直在往下掉，我感到非常地遗憾。这件事情也深深地教育了我们，我觉得我们服务社区的居民，尤其是这些社区的老人，一定要趁早，不能等。所以从那时候起，我们就树立了"服务群众马上办"的理念，探索出了"五常五送"的工作方法，要把党和政府的温暖，切实送到咱们居民群众的心坎上。

"五常五送"具体来讲，就是"常敲空巢老人门，嘘寒问暖送贴心；常串困难家庭门，排忧解难送爱心；常叩重点人群门，沟通疏导送舒心；常守居民小区门，查房管控送安心；常开休闲文明门，和谐追梦送欢欣"。可以说"五常"体现的是我们和群众的关系，"五送"体现的是我们服务居民群众的温度，我们常奔群众的门，群众自然就跟我们亲近，我们常送贴心、欢心、舒心和爱心，群众自然就会特别地信任我们，我觉得现在我们在社区，既是很多社区老人的孩子，也是社区孩子的家长，为居民服务的工作要做好。

👥 学生：刘思辰

林阿姨，您好！我是河头学校的刘思辰，我想请教您一个问题：曾经我也做过志愿者，但做了一些志愿服务之后，我感觉社区里都是一些鸡毛蒜皮的小事，您每天都会面对这些情况，会有成就感吗？

您每天都会面对这些情况 您会有成就感吗

👤 **故事分享人：林则银**

有啊！满满的幸福感。确实在社区里面，我们每天面对的都是些婆婆妈妈、琐琐碎碎、家长里短、鸡毛蒜皮的一些小事情，但是柴米油盐、衣食住行这些小事情都是居民特别迫切需要解决的，如果我们把居民这些小事情解决好了，我们就能成就大事业。比如我们社区很多的居民，尤

视频 林则银谈在社区服务中的成就感与幸福感

其是社区的老人，他们经常跟我反映说在家里买菜难做饭难，尤其是阴天下雨、头疼脑热的时候，所以我们党组织千方百计地盘活了社区的闲置资源，建成了集餐饮、健身、娱乐、休闲、阅读为一体的红色会客厅和居民家门口的食堂。我们党组织每天监督社区食堂的卫生和食品安全，做到了经济实惠、饭菜可口、服务周到、环境整洁，每天来社区吃饭的居民络绎不绝、好评如潮。我觉得我们基层的党员干部，尤其是在社区工作的社区工作者，在想问题、做事情的时候，都要坚持以人民为中心，处处为居民着想，才能把事情办好，要做到手到、眼到

和心到，凡是涉及咱们居民群众的事情，即使再小我们也要竭尽全力去办，即使再难我们也要千方百计解决到位。每一次为居民解决问题的时候，看到咱们居民群众脸上绽放满意的笑容，我就觉得我们在社区不管多苦多累，都值了，所以这一路上我也是不断地成长，不断地收获，我觉得我们在社区为居民服务其实是一种享受。

即使再难我们也要千方百计解决到位

环节四：专家剖析

🔖 主持人：林茂

同学们，听了林书记的故事，我们备受感动。社区工作千头万绪，十分繁杂，为什么林书记能够十几年如一日地全心全意为大家服务呢？为什么林书记说全心全意为人民服务是一种享受呢？我们请教育部高职高专思想政治理论课分教学指导委员会副主任委员张泽玲教授进行剖析，大家掌声欢迎。

👤 **故事剖析人：张泽玲**

同学们好！很高兴参加"为人民服务"这个主题的全媒体思政课。刚才我们大家一起参观了和平区朝阳里社区志愿服务展馆，苗苗主任为我们讲述了 2019 年习近平总书记来到这里视察时激动人心的场面，使我们大家感悟到了总书记对百姓的真挚情怀、对社区干部志愿奉献的鼓励和谆谆教诲，让我们大家也感到很温暖，很幸福。刚才社区林书记讲述了她 14 年扎根社区一线的点滴故事，真可谓一滴水折射出太阳的光辉，细微处彰显了为民大情怀。林书记心系人民群众，一心一意为百姓做事情，用一点一滴的真情付出，打通了为人民服务的最后 100 米，传承的是共产党人的永恒初心和价值选择。代表谁、为了谁、依靠谁，是检验一个政党一个政权性质的试金石。

视频 为人民服务是中国共产党人的初心使命

同学们，今天我们学习总书记在庆祝中国共产党成立 100 周年大会时的讲话，深深地感到"为人民服务"这五个大字作为共产党的根本宗

旨和初心使命的集中体现，贯穿了我们党的百年历程。从百年前上海石库门和嘉兴红船宣告中国共产党的成立，到南昌起义、秋收起义开始党创立人民军队的历程，再到翻身农民用小推车推出了淮海战役的胜利，还有我们今天抗击疫情、脱贫攻坚两场人民战争的胜利，所有的这些都是中国共产党初心使命的一脉传承，都生动地诠释了中国共产党代表谁、为了谁、依靠谁的根本问题。正如习近平总书记在"七一"重要讲话中指出的那样，江山就是人民、人民就是江山，打江山、守江山，守的是人民的心。党的十八大以来，习近平总书记提出了以人民为中心的发展思想，以"我将无我，不负人民"的精神境界，表达着对人民的无限挚爱，并带领着我们全党始终把人民放在心中的最高位置，始终全心全意地为人民服务，始终为人民利益和幸福而奋斗。习近平总书记的重要讲话彰显了我们党全心全意为人民服务的根本宗旨，深刻揭示了江山与人民的辩证关系，充分体现了人民领袖的人民情怀，为我们广大党员干部进一步增强人民意识、立足岗位为人民提供了根本遵循。林书记作为我们天津优秀的社区党务工作者，作为一名优秀的共产党员，牢记习近平总书记的谆谆教诲，把党全心全意为人民服务的根本宗旨，记在心间扛在肩头，传承着共产党人的永恒初心和价值选择。十几年如一日，全心全意为民服务，把为民服务当作一种享受，正是无数个像林书记这样的共产党人的无私奉献，最终汇起了中国共产党执政的最大底气，创造了无愧于人民、无愧于时代的辉煌。

学生：刘可

张老师，您好！我是来自天津电子信息职业技术学院的刘可，提到为人民服务或以人民为中心，我们作为学生可能会认为这是对党员干部的要求，似乎离我们的日常生活还有一定的距离，所以我想问，为人民服务和我们普通学生有什么关系呢？

故事剖析人：张泽玲

　　可能有很多同学都有同样的困惑，应该说"为人民服务"，一方面是党的根本宗旨，是共产党人的行为准则；另一方面也是一种价值选择。生命的意义是什么？怎样判断人生的价值，这是人生观的根本问题。"为人民服务"是中国共产党人把马克思主义基本原理同中国革命、建设、改革的具体实践相结合的伟大创造。"为人民服务"不仅是坚持

视频 为人民服务和普通学生有哪些关系？

历史唯物主义的必然要求，是中国共产党践行的根本宗旨，也是社会主义道德的集中体现，是全体中国人民共同遵循的道德准则。社会主义核心价值观是以为人民服务为核心的，为人民服务是先进性要求和广泛性要求的统一，所以"为人民服务"既伟大又平凡，既高尚又普通，它并非高不可攀，遥不可及，而是可以通过不同层次、不同形式表现出来。

　　事实上一个人只要时时处处想到他人、想到社会、想到国家，从而能够推己及人、与人为善、服务他人、奉献社会，使他人能够因自己的

所作所为也获得益处，使社会可以因为自己的努力而发生积极的改变，这就是践行了为人民服务。在抗击疫情、全面建成小康社会、抗洪抢险救灾任务的紧要关头，除了共产党员先上，我们还看到了越来越多的普通群众自发驰援前线，主动与邻里守望相助，共克时艰，为中华民族聚起了团结奋进、攻坚克难的强大精神力量。其中也不乏像你们一样的"00后""10后"，同学们，青年兴国家兴，青年强国家强，你们是国家的未来，是民族复兴的先锋力量。希望你们能够如同百年前高举马克思主义思想火炬、探索民族复兴前途的新青年一样，胸怀民族复兴大任，心系人民的幸福安康，增强做中国人的志气、骨气、底气，不负时代韶华，不负党和人民的殷切希望。

🖥 学生：毕可欣

张老师好！我是辰昌路小学六年级四班的毕可欣，我们身为小学生能做的事情很少，请问我们用怎样的方式为人民服务呢？

👤 故事剖析人：张泽玲

这个问题提得非常好，正如我刚才所说的，为人民服务既伟大又平凡，既高尚又普通，它并非高不可攀、遥不可及，可以通过不同层次、不同形式表现出来。在今天毫不利己、专门利人，无私奉献，是为人民服务；顾全大局，先公后私，爱岗敬业，办事公道，是为人民服务；同志间、同学间、师生间，互相关心，互相爱护，互相帮助，是为人民服务；同学们热心公益、助人为乐、见义勇为、扶贫帮困、

视频 身为学生，我们能用哪些方式为人民服务？

助残扶残、遵纪守法、诚实劳动，也是为人民服务。作为学生，今天学习是我们的主业，学好文化知识，掌握专业技能，增强本领，为以后服务社会打下基础，就是为人民服务。另外，比如在家里帮助爸爸妈妈做一些家务，自觉地树立尊重劳动、热爱劳动的意识，用真心善待周围的每一个人，不随地扔垃圾，减轻环卫工人的劳动……正像林书记所说的那样，看似鸡毛蒜皮的事，其实一点也不小，人人为我，我为人人，我们在力所能及的范围内帮助别人，就是为人民服务。

顾全大局 先公后私 爱岗敬业 办事公道

好，同学们，今天我们理解了为人民服务的思想内涵，掌握了为人民服务的价值引领，希望同学们牢记总书记对我们青年的嘱托，立大志、明大德、成大才、担大任，在实现中华民族伟大复兴中牢记使命，

刻苦学习，贡献我们的青春和力量。同学们应该从我做起，树立劳动的意识，为人民服务，成人成才，成为社会主义、共产主义的合格建设者和接班人。

主持人：林茂

感谢张老师精彩的分享。同学们，今天我们学习的主题是"为人民服务"，现在就让我们用实际行动为我们的社区做点事情吧！

结　语

学习与感悟

问题一: 你对社区志愿服务工作有哪些了解?社区服务志愿者身上有哪些难能可贵的品质?

问题二: 林书记的故事给你哪些启示?为什么林书记说"全心全意为人民服务是一种享受"?

问题三: 作为学生,我们可以通过哪些方式为人民服务?

我的感悟

_____

_____

_____

_____

_____

_____

_____

_____

_____

_____

4

发展二十一世纪马克思主义

拍摄场景

李大钊烈士纪念室

本期主持人

史　平　天津市新华中学教师

本期嘉宾

故事分享人：赵书昭　天津科技大学马克思主义学院副教授
故事剖析人：纪亚光　南开大学马克思主义学院教授

学生

天津市实验小学学生
天津市新华中学学生
天津科技大学学生

环节一：开场

主持人：史平

同学们好！今天我们来到了李大钊烈士纪念室开展思政课实践教学，课程主题是"发展二十一世纪马克思主义"。马克思主义是我们立党立国的根本指导思想，是我们党的灵魂和旗帜。李大钊是在中国传播马克思主义的第一人，为马克思主义的发展做出了卓越贡献。李大钊为什么会选择马克思主义？他又是如何在中国传播马克思主义的？我们作为新时代的青年，又能够为二十一世纪马克思主义的发展做些什么呢？接下来就让我们带着这些问题，从今天的课程中寻找答案。同学们，我们现在所在的位置就是李大钊烈士纪念室，接下来由赵老师带领我们进行参观并分享李大钊烈士的故事。赵老师来自天津科技大学马克思主义学院，是中国李大钊研究会会员，下面我们就有请赵老师。

环节二：故事分享

👆 **故事分享人：赵书昭**

　　欢迎同学们来到李大钊烈士纪念室，这个纪念室建立于1989年，也是李大钊烈士诞辰100周年的时候。这里曾经是李大钊烈士求学的地方。天津公安警官职业学院的前身就是北洋法政专门学校，1905年清政府实行新政，实行了一系列的改革措施，仿照西方的学制开设新型学堂，废除科举制度。北洋法政专门学校就建立于1906年，1907年李大钊烈士终止了他在永平府中学堂的学业，报考了北洋法政专门学校，并顺利考入这所学校，在这里度过了6年的大学时光。李大钊在《狱中自述》中曾经讲到，他报考北洋法政专门学校是"深感于国势之危迫，急思深研政理，以求得挽救民族、振奋国群之良策"。

视频 赵书昭对李大钊烈士纪念室的介绍

👆 **学生：许城豪**

　　请问此时的李大钊先生就已经开始信仰马克思主义了吗?

👆 **故事分享人：赵书昭**

　　在天津求学期间，李大钊先生还没有树立起对马克思主义的信仰，因为对马克思主义的信仰需要一定的社会历史条件，甚至也需要一定的良好历史契机。我们来这边看一下。

视频 李大钊是从什么时候树立起对马克思主义的信仰的?

　　1913 年夏天，李大钊先生顺利从北洋法政专门学校毕业，1914 年9 月 8 号正式进入东京早稻田大学政治经济学本科学习。在早稻田大学学习期间，李大钊先生参加了大量的革命活动，比如他当时组织发起了"神州学会"。1916 年 5 月，李大钊先生从日本回国，就积极地投身到了新文化运动当中。李大钊先生在《新青年》上发表的第一篇文章，就是他那篇著名的《青春》。刚才同学提问，李大钊先生什么时候才建立起对马克思主义的信仰，他在早稻田大学留学的时候，就初步接受了社会主义理论和马克思主义学说。回国之后不久，也就是 1917 年 11 月 7 日，爆发了俄国十月革命，俄国十月革命当时在中国国内并没有马上引起非常热烈的反响，但是李大钊先生却敏锐地把目光投向了当时的苏俄和马克思主义。1918 年 2 月，李大钊先生正式入职北京大学，开启了他人生中最辉煌的十年。不久他就担任了北京大学图书馆主任，也有了得天独厚的条件来大量地阅读马克思主义相关著作，研习马克思主义学说。1918 年下半年，他发表了《法俄革命之比较观》。1918 年 11 月第一次世界大战结束时，他又相应发表了《庶民的胜利》《布尔什维主义的胜利》，标志着李大钊先生已经从一个激进的民主主义者开始转变为马克思主义者。1919 年，李大钊先生在《新青年》上发表了《我的马克思主义观》，正式向世人公开了自己的政治信仰，也标志着他实现了向马克思主义者的华丽转身。李大钊先生对马克思主义的宣传，不是一般知识性、学理性的宣传，而是以救国救民为导向的宣传。当李大钊先生真正地信仰马克思主义之后，他的理想和信仰就再也没有发生过改变。

旁白：

在李大钊的教育和影响下，很多青年接受了马克思主义，走上了坚决的革命道路，促进了马克思主义在中国更大范围的传播。

习近平总书记在庆祝中国共产党成立100周年大会上的讲话中指出："十月革命一声炮响，给中国送来了马克思列宁主义。在中国人民和中华民族的伟大觉醒中，在马克思列宁主义同中国工人运动的紧密结合中，中国共产党应运而生。""马克思主义是我们立党立国的根本指导思想，是我们党的灵魂和旗帜。""新的征程上，我们必须坚持马克思列宁主义、毛泽东思想、邓小平理论、'三个代表'重要思想、科学发展观，全面贯彻新时代中国特色社会主义思想，坚持把马克思主义基本原理同中国具体实际相结合、同中华优秀传统文化相结合，用马克思主义观察时代、把握时代、引领时代，继续发展当代中国马克思主义、二十一世纪马克思主义！"

环节三：专家剖析

主持人：史平

同学们，听过赵老师的讲解，大家是不是感到发展二十一世纪马克思主义，我们青年一代责无旁贷？

下面有请南开大学马克思主义学院纪亚光教授分享对发展二十一世纪马克思主义的认识，我们一起欢迎纪老师。

故事剖析人：纪亚光

谢谢史老师，同学们好！习近平总书记在"七一"重要讲话中指出中国共产党为什么能，中国特色社会主义为什么好，归根到底是因为马克思主义行！

马克思主义行，一个是体现在它是科学的世界观，科学的方法论，它的科学性是它行的最重要的源头。马克思主义同时也是与时俱进的，伴随着时代的发展，不断地创新，不断地形成新的理论成果，比如在苏联就有列宁主义，在中国有毛泽东思想、邓小平理论、"三个代表"重要思想、科学发展观和习近平新时代中国特色社会主义思想，它是与时俱进的，它还具有丰富的实践性，所以马克思主义本身所具有的科学性、与时俱进的时代性和实践性，就决定了马克思主义是一个动态发展的过程，它的原理是不变的，毫无疑问是科学的真理，但是它同时也是要和时代相偕行。马克思主义传入中国之后，中国的面貌发生了沧桑巨变，在马克思主义指导下，在中国共产党人的接续奋斗之下，我们不仅取得了新民主主义革命的伟大胜利，还取得了社会主义革命和社会主义建设的巨大成就。我们还通过改革开放使得中国经济

视频 纪亚光分享对发展二十一世纪马克思主义的认识

迅猛发展，同时也推动中国特色社会主义走上了康庄大道。在习近平新时代中国特色社会主义思想的指引下，我们已经走在了实现中华民族伟大复兴的大路上。所以说马克思主义就是随着时代的发展而发展，在社会实践中不断完善、不断创新的一个理论体系。进入 21 世纪，以中国特色社会主义作为主要标志，科学社会主义焕发出新的生机活力。中国特色社会主义取得的经验，我们形成了中国式现代化道路前景，对人类社会也会产生重要的影响。所以二十一世纪马克思主义本身是马克思主义创新发展的成果，也是由中国特色社会主义所推动形成的一个对全人类具有广泛影响的创新发展，它是历史的必然，但同时也将对人类社会产生更加深远的影响。

主持人：史平

同学们在听过纪老师的讲解以后，又有哪些自己的感受和思考呢？下面，欢迎大家提出自己的问题，我们来和纪老师一起沟通交流。

学生：李泽坤

我觉得马克思主义太高大上了，它跟我们的生活有什么关系呢？

🎙 **主持人：史平**

好的，谢谢你，请坐。

👤 **故事剖析人：纪亚光**

视频 马克思主义与我们的生活有哪些联系？

这位同学问得特别好。很多人都认为马克思主义是一个哲学问题，或者说是一个围绕国家民族发展的理论，对吧？但实际上马克思主义本质上追求的是人的全面发展，追求的是同学们的健康成长，马克思主义立足的是人，社会主义强调的是人的发展、人的成长。具体来说，我们强调同学们要身心健康，既要有健康的身体，也要有健康的心灵。其中健康的身体是我们一贯强调的，马克思主义可以给我们健康的心灵更多的滋养。它强调每一个人都和他人产生着联系，强调每一个人都是社会的一员，是生活在社会中的人，都会和他人产生联系，而且这种联系是站在人和人是平等的角度，当你能够尊重别人，看见别人的优点，你也会更多地得到他人的尊重，你也会在一个集体之中发现自身有无限拓展的可能，大家共同奋斗的过程中，你也会发现人归根结底是社会中的人，不是孤独地去和别人竞争的人。在我看来，马克思主义着眼的就是人要健康成长，人要幸福，这是根本，这是我的理解。

🎙 **主持人：史平**

特别感谢纪老师的分享，我也深有感触，其实马克思主义提醒我们、告诫我们在身心发展的过程中要找到一个正确的方向，尤其是能够更好地去适应社会大环境，感谢这位同学的提问，也感谢纪老师的分享，同学们还有其他的问题吗？

视频 青年人如何树立起对马克思主义的信仰?

学生：詹睿欣

老师，您好！我是来自新华中学延安精神学习宣传研究社的一名学生。我记得毛主席曾经说过，延安的窑洞有马列主义。我加入这个社团，也是因为我对马克思主义非常感兴趣，但是我觉得在兴趣和信仰之间是有很大差距的。那么我想请教您一下，我们应该怎么做才能让马列主义成为我们青年一代人的信仰呢？

主持人：史平

好，谢谢你。这个问题提得非常好。

故事剖析人：纪亚光

我觉得要想成为一个马克思主义者，首先要了解马克思主义的基本原理。我们不一定要把马克思主义的著作从头到尾读下来，但是要了解它的基本原理，我们研究会可以组织大家交流如何去理解马克思主义。当然也要读马克思的原著，这个环节要有一定阅读。其次要思考。结合什么思考？结合社会环境，结合马克思主义在中国的发展历史，结合社会未来的发展方向，我们看确立马克思主义信仰的前贤们，比如李大钊先生，比如敬爱的周总理，他们其实都是把阅读学习马克思主义与自身的经历结合在一起。它不是一个书斋中的思想，它是影响着我们每一个人的生命，影响着我们生长的环境，产生了切实影响的思想。所以要结合你所观察的社会去思考，一方面是从历史的角度可以看见，马克思主义传入中国，深刻地改变中国的社会现实，所以我们现在才有这样幸福美好的生活，另一方面也可以运用马克思主义去观察社会，看看哪些我们还可以继续发展，继续进步。当然我认为还需要实践，当你运用马克思主义，让我们所面临的工作也好，身边的社会也好，变得越来越美好，越来越让大家幸福的时候，你就会发现，它不只是一个让我们仰视的正确的思想和真理，它同时是可以让我们生活切切实实发生变化，让我们的人生更具有价值的一种理论，我觉得这样马克思主义的信仰就会树立。

🎙 主持人：史平

谢谢纪老师的指导，我觉得纪老师说得特别好，非常地契合咱们今天这节思政课教学的主题，那就是发展二十一世纪的马克思主义，发展新时代的马克思主义，归根结底还是要把马克思主义和我们的实际生活结合起来，同时在实践的过程中去感受马克思主义理论的智慧，渐渐地它就真的能够成为我们的信仰了，非常感谢纪老师，还有其他的同学要提问吗？

🧑 学生：樊潇

纪老师，您好！我是天津科技大学的一名大学生，我想问您的问题是，我们作为青年，能够为二十一世纪马克思主义的发展做些什么？谢谢。

👤 故事剖析人：纪亚光

首先我觉得每一个大学生，不光是马克思主义理论专业的，每一个大学生都可以为二十一世纪马克思主义做贡献。我们每一个大学生能够站在社会进步的角度，站在坚持朝着一个为更理想的社会奋斗的信念基础之上，我们每一个具体行动本身都是在发展二十一世纪马克思主义。人类社会由只注重经济增长，开始进入到更加关注生存状态的时代。如何从只是单纯地追求物质财富，到更多地满足精神上的、人与自然和谐相处的需求，这是一个决定人类命运的问题，我觉得这个时代中我们运用马克思主义去把我们能发挥的作用发挥好，把能推动社会进一步发展这样的一个价值体现出来，这就是发展二十一世纪马克思主义。

视频 青年学生能够为二十一世纪马克思主义的发展做些什么？

去发展它 去总结 去提升

另一方面我觉着其中有一部分人可能还需要在理论上做更多建树。我们说西方的文艺复兴为什么了不起？其实他们就是打开了人类社会的一个图景，包括马克思主义也是在这样的一个文艺复兴背景之下，它是把过去理论升华的集大成者。我们21世纪的人类社会科学技术在进步，社会在迅速地发生变化，而人与人的距离日益地缩短。在这样一个新的时代，二十一世纪马克思主义非常重要的一个任务就是回答人类社会该如何能够让每一个人活得更幸福，让我们人和人的关系，人和社会的关系如何更和谐，尤其是让整个世界让人类如何成为一个可以共同相携手的整体。用习近平总书记的话讲，就是人类命运共同体如何去构建？所有这些其实是需要理论建树的，不能只是跟着感觉走，是需要引领的。这个引领需要站在一个更高的高点，正如马克思在19世纪，正如列宁、毛泽东在20世纪，正如习近平总书记在21世纪初，这些思想都需要我们一代又一代年轻人去实践它，去发展它，去总结，去提升。每一个大学生，尤其是马克思主义理论方向的大学生，更要有这样的责任感，不只是站在中华民族伟大复兴的角度，而是要站在全人类的角度。2021年7月6日，习近平总书记在中国共产党与世界政党领导人峰会上的讲话中指出："中国共产党将坚持以人民为中心的发展思想，在宏阔的时空维度中思考民族复兴和人类进步的深刻命题，团结带领中国人民上下求索、锐意进取，创造更加美好的未来。"我们在追求的民族复兴，不是中国一家独大的民族复兴，我们是强调让中华民族的复兴成为人类面向未来更加和谐美好的一个前提。这样的二十一世纪马克思主义，习近平新时代中国特色社会主义思想给我们非常好的指引。我觉得在这一块我们要共同努力。

主持人：史平

非常感谢纪老师的讲解。我觉得纪老师刚才给我们，尤其是当代的青年们，点明了一个更具体的方向，就是我们不仅要用自己的行动去建设好自己的祖国，实现我们民族的伟大复兴，同时我们也要开阔我们自己的视野和胸怀，怀有更大的一个理想，才有可能在发展 21 世纪马克思主义上有一个新的突破。

时间过得真快，我们的课程快要结束了。今天我们参观了李大钊烈士纪念室，在两位教授的讲解中了解了李大钊烈士对发展马克思主义所做出的伟大贡献，结合我们的实际生活，感受了马克思主义思想是如何在 21 世纪继续闪耀它真理的光芒。

同学们，你们与新时代同向同行，生逢盛世，肩负重任，希望你们以习近平新时代中国特色社会主义思想为指引，坚定不移跟党走，实学实干，脚踏实地，为二十一世纪马克思主义的发展贡献一份青年力量。

结 语

" 矢志不渝跟党走，做党的好少年。"

" 传承和发扬革命烈士的精神，长大后做祖国的栋梁。"

" 学习先进理论知识，武装自己的头脑，争做社会主义合格建设者和可靠接班人。"

学习与感悟

问题一：李大钊树立起对马克思主义的信仰受到了哪些社会历史条件的影响？

问题二：马克思主义与你的生活有关系吗？为什么？

问题三：作为学生，我们能为二十一世纪马克思主义的发展做些什么？

我的感悟

5

走自己的路

拍摄场景

天津滨海—中关村协同创新展示中心

本期主持人

张晓曦　天津市南开中学生态城学校教师

本期嘉宾

故事分享人：孟祥飞　国家超级计算天津中心党组书记、天河应
　　用研发首席科学家

故事剖析人：刘东志　天津理工大学党委书记

学生

天津滨海职业学院学生

天津市滨海新区塘沽北塘学校学生

环节一：开场

🎙 主持人：张晓曦

　　同学们好！今天思政课实践教学的主题是"走自己的路"。2019年1月17日下午，习近平总书记视察天津滨海—中关村协同创新展示中心时，仔细观看了"天河"系列超级计算机等展品。他说，高质量发展要靠创新，我们国家再往前发展也要靠自主创新。那么，我们如何走出一条自主创新之路呢？我们新时代青年能为自主创新做些什么呢？接下来，让我们带着这些问题从课程中寻找答案。

环节二：故事分享

🎙 主持人：张晓曦

　　同学们，今天我们特别邀请到国家超级计算天津中心孟祥飞博士，请他为我们分享中国创新一次次镌刻在世界速度之巅的故事。欢迎孟博士。

👤 故事分享人：孟祥飞

我是国家超级计算天津中心的孟祥飞，我的主要工作就是给我们天河超级计算机打造超级APP。

超级计算是国家综合创新能力的一个重要标志，但中国的超级计算发展却经历了一个坎

视频　孟祥飞与超级计算机的故事

坷、挑战和不断突破的历程。改革开放之初，我们要发展中国的超级计算机，但当时美国等西方发达国家对我们进行高技术封锁，不提供给我们超级计算机技术。后来，他们放宽了限制，同意卖给我们一台超级计算机。但是，这要我们建一个独立的机房以放置这台计算机，并且只准美国的工程师进去操作。中国人花了钱买的超级计算机，中国的工程师只能在窗户外面看一看，这就是我们超算人讲的一个叫"玻璃房子"的故事。正是这个故事激励着中国的超算人不断地去开拓，不断地去创新，不断地掌握自己的核心技术。我也可以称为一个超算领域的老兵了，实际上我原来不是搞超级计算

的。我从大学本科到博士，学的都是物理，而且在攻读博士期间我搞的还是理论物理。我当时开展的这些研究工作，由于我们国家没有超级算力的这样一个支撑，只好公派到美国去留学。在美国期间，我的研究工作不断取得进展，但是我所有的研究成果都被打上了"美国创造"的标签，所以尽管当时的研究不断取得突破，我还是决定回国。

在离开之前，我美国实验室的导师，非常严肃地对我讲："你现在的研究成果，可以完成两篇博士论文。假如说你继续在这里，可以取得更多世界级的成果，你要是回去，可能连这些基础的实验条件都没有。"当时我想起了我们南开大学老校长张伯苓的爱国"三问"：你是中国人吗？你爱中国吗？你希望中国好吗？我最崇拜的一位科学家是邓稼先先生。他是我们"两弹一星"工程最重要的一位科学家。邓稼先先生也是从国外毅然回到了刚刚解放的新中国，参加到国家的建设热潮当中。所以，他们的这些话和事迹也时常激励着我，最终我决定回国。我可能干不出像邓稼先先生那样伟大的成就，但是我可以成为一个对国家有贡献的人。

回国以后，当时是 2009 年，我们国家正好在天津筹建国家超级计算天津中心，启动"天河一号"的研制，而我非常有幸加入到了这个刚刚筹建的国家超算天津中心。看到我们要启动国家新一代超级计算机的研制，我心潮澎湃，觉得看到了中国科技创新的未来和希望，因此我以满腔的热忱投入到新一代超级计算机的研制当中。

当时"天河一号"的安装过程已经进入到七八月份，室外温度30多度，由于机房里面尚未安装完成，不能加电，所以没有空调。我们要为这个超级计算机建立它的通信网络，在地下空间小，站着不行，蹲着也不行，怎么办？只能躺在地上。然后我们躺在地上将一根根光纤接在一起。一共2万多根光纤。大家实在累了困了就直接躺在地上睡一会儿，醒了再接着干。我们用了不到7个月的时间完成了国外要用接近一年半才能完成的安装测试任务。

2010年11月17号，振奋人心的消息传来，我们的"天河一号"在当时的世界超级计算排名当中实现了世界第一的突破。它的速度达到了多少呢？每秒钟4700万亿次。我们可以打一个比方，把它换算成我们同学的算数能力，是什么概念呢？假如说这台超级计算机工作一个小时，需要我们全中国14亿人，要干340年，所以这不仅代表着我们中国的速度，也成为了当时的世界速度。

可是好消息传来不久，别人的质疑声也接踵而来。质疑我们什么呢？质疑我们中国的超级计算机是大游戏机，中看不中用。为什么呢？因为当时我们在世界上首次采用了叫CPU加GPU异构的这种体系架构，而且这是世界上首创，没有前人可以参考。那 GPU 是什么呢？可能男同学会经常打游戏。我们打游戏要有个好的显卡，这个 GPU 就是我们显卡里面的计算处理核心。我们把这个 CPU、GPU 里面的超强计算能力用到了我们做超级计算机上面。但是别人觉得这就是造了一个大游戏机，只是为了排世界第一。所以，这种质疑也让我们认识到中国超级计算要真正在世界立足，还要通过我们的应用创新，让国产的超级计算机用起来。这个任务也落到我的身上。

我是主要负责应用技术研发的负责人。我给当时中心的领导立了一个军令状，说干不好"天河"的应用，就卷铺盖卷走人。所以当时我就带领我的团队和中石油东方物探联合向油气能源勘探领域发起攻关。记得当时办公室、餐厅和路上都成了讨论工作、开发软件的场所。我们还记得当时坐轻轨经常坐到终点站被赶下车，因为坐过站了。大家一直在车上写技术方案，开发我们的技术。为了快速地研发这些技术，我们白天讨论开发，晚上再在机房里守着天河，进行计算测试。我们用了三个月左右的时间，开发出了第一版的石油地震勘探处理软件。当时国际上有一个具有重点代表性的叫大连片勘探的项目。用国外的软件，用普通的高性能服务器去处理这个项目，要用一个多月才能完成，而通过我们自主研发的技术和"天河一号"，用 16 个小时就把这个任务完成了。带着这些技术，我又先后带领团队开发了新材料研发的平台、药物筛选平台，还有核聚变反应堆的新型高性能处理软件，真正将"天河"打造成了大到可以算宇宙的演化模拟，算我们的大飞机的飞行，小到可以看一个个原子如何组成一个新的材料。

我们用16个小时就把这个任务搞定了

　　大家都知道新冠疫情，"天河"也在第一时间投入到科技抗疫的行列里面。我们用"天河"在世界上训练出了能够用人工智能判断新冠病例的辅助诊断技术，成为参与科技抗疫的重要力量。

　　今天，中国的超级计算机实现了速度上的突破，也被打造成了能够算天、算地、算人的国之重器。中国的科技创新和发展，就是在各种质疑声中，默默无闻地奋斗，不断地坚守、不断地突破，在走自己的路的过程当中，不断走到新的高度上。从原来的跟跑到并跑，再到现在很多领域甚至实现了领跑。现在，我们正在研制新一代的百亿亿次超级计算机，它的计算能力要比"天河一号"还要快几百倍。有了这样的超级计算能力，我们不仅可以实现更快的速度，更重要的是要将这些超级算力变成生产力，变成科技创新的能力。我们每个人都要激发我们的小宇宙，不负韶华，不负时代，强国有我。

环节三：专家剖析

主持人：张晓曦

百舸争流，不进则退。刚才孟博士的分享中，我们能够感受到超算人向新的"中国速度"冲锋，摘取超级计算机下一顶王冠的信心和决心。今天，我们也特别邀请到天津理工大学党委书记刘东志教授，为我们分享走自己的路的深刻意义，欢迎刘教授。

故事剖析人：刘东志

视频 刘东志基于孟祥飞的故事谈走自己的路有什么深刻意义

同学们好！很高兴参加"走自己的路"这样一个主题的分享。刚才孟祥飞博士跟大家讲述了他和超级计算机"天河一号"的故事，大家可能有很多的感悟，也受到了很多的鼓舞和激励。那么，孟祥飞博士他们怎么创造了超算研究领域的中国奇迹？怎样夺取了超算领域世界的桂冠呢？可以从两个方面去寻找它的原因。

人民视频|天津

天津理工大学党委书记
刘东志
今天很高兴参加"走自己的路"

第一个方面，孟祥飞博士的团队团结一心、攻坚克难、不怕艰苦、顽强拼搏。第二个方面，就是他们不等不靠，坚持科技自立自强、自主创新，走的是一条符合中国国情的创新之路。

走自己的路是我们党全部理论和实践的立足点，也是我们党百年奋斗得出来的结论。走自己的路是被历史证明了的、正确的一条道路。在中国历史上，许多仁人志士为了救民族危亡，选择了很多的模式，采用了很多的方法，但是都失败了，只有我们中国共产党带领全国各族人民坚持走自己的路，才真正使伟大的中华民族摆脱了积贫积弱的状态，实现了从站起来、富起来到强起来的历史性飞跃。中华民族历史上也第一次消除了绝对贫困，实现了全面建成小康社会的第一个百年奋斗目标。可以说，走自己的路是被历史证明正确的，是人民的选择、历史的选择，也是符合中国国情、民情、社情的现实选择。只有坚持走自己的路，我们才能把国家和民族的命运牢牢地掌握在自己手里。

党的十九届六中全会对我们党的重大历史成就和历史经验进行了总结，我们也迈入了实现第二个百年奋斗目标——全面建设社会主义现代化强国的新征程。在新的征程上，我们必须坚定地走自己的路，把中国特色社会主义道路坚持下去，大踏步地向第二个百年奋斗目标前进。

主持人：张晓曦

同学们，刚才刘教授为我们分享了走自己路的深刻意义，有没有哪位同学想要提问一下刘教授呢？

学生：赵东旭

刘教授，您好！我是来自天津滨海职业学院的学生，我叫赵东旭。我想请教您，为什么中国能一次次冲破西方世界的技术封锁？

故事剖析人：刘东志

视频　为什么中国能一次次冲破西方世界的技术封锁？

这个问题提得特别好，我感觉这是社会上经常热议的一个话题。近几年来西方加大了对我们技术领域围追堵截的力度，在很多领域对我们进行封锁。像孟祥飞博士研究的超级计算领域，几十年来西方国家都是对我国进行封锁的。我们从他们那儿根本买不到高性能的计算机。现在，我们正在进行第四次工业革命。第四次工业革命就是以芯片为基础进行的革命，但是美国等西方国家就围绕芯片给中国建立了一张围堵的大网。这些事情也给了我们一个警醒，让我们看清了在整个全球化的大背景下西方国家的真面目，他们是不想让我们发展的。所以说关键的核心技术是要不来的，买不来的，也讨不来的，中国人一定要把关键核心技术掌握在自己手里。

近几年我们国家出台了一系列政策，支持高新技术的发展。在国家"十四五"规划中，国家又把科技自主创新、自立自强作为优先发展的课题，目的就是要打破西方对高技术的垄断，发展我们自己，走自己的路。

国家"十三五"科技成就展，第一部分就是面向世界科技前沿，重点展览了"九章"量子计算机的原型机、第二次青藏高原综合科考研究、"天机"类脑芯片等技术前沿重大突破以及散裂中子源、"慧眼"卫星等科学装置。面向国民经济的主战场，我们重点展示了国家新一代的人工智能开放创新平台、"京华号"国产最大直径的盾构机等。面向国家的重大需求，我们重点展示了中国空间站的模型，还有我们的火星车、"嫦娥五号"，我们的"奋斗者"号、全海深载人潜水器、集成电路装备、全球首个第四代核电高温气冷示范堆、"国和一号"核电机组等国之重器。面向人民的生命健康，重点展示了一体化的全身正电子发射／磁共振成像装备，还有无人植物工厂水稻育种的加速器，以及"科技抗疫""科技冬奥"等最新成果。这些成就说明我们如果坚持走自己的路，坚持科技的自主创新、自立自强，我们中国人有能力、有智慧创造出中国科技的最新成果、最新成就。

👤 **主持人：张晓曦**

好的，谢谢刘教授，现在还有没有其他同学想要提问一下呢？

🧑 **学生：郭梓涵**

教授，您好！我是北塘学校的学生，我叫郭梓涵。我想向您提出一个问题，国家的科技发展需要科技人才，如果瞄定成为科学家的目标，我们现在应该怎么做？

👤 **故事剖析人：刘东志**

视频 立志成为一名科学家，应该如何做？

我感觉这位小同学提的问题特别好。我要为你点赞，因为这个提问展现了我们小学生、中学生的理想抱负。青年人一定要增长做中国人的志气、骨气和底气。自己奋发起来，为我们的祖国去奋斗。

刚才我们也分享了孟祥飞博士的故事。实际上他在创新"天河一号"的时候也是白手起家，但他作为一个有志青年，也是憋着一股劲儿。我们中国人要有中国人的志气，要敢于攻关、不畏艰险、日夜奋战、攻坚克难，把"天河一号"搞出来了，创造了奇迹。70多年来，我们老一代的科技工作者，包括"两弹一星"的功勋科学家为代表的一批批科技工作人员，也是努力奋斗、奋勇向前、攀登高峰，为整个中国科技界树立了一道道丰碑。正是一代代科技工作者的执着和坚守，使我们走出了一条符合中国国情、符合科学发展的自主创新道路。

所以我希望我们在座的各位中学生、小学生都能成为优秀的科学家，成为大国工匠。但是要做到这一点，首先要有远大的目标，就跟刚才这位同学说的一样，对吧？要立志成为科学家，立志为祖国做一些事情，贡献自己的力量。同时还要勤学好问，保持一颗好奇心，培养一种探索精神，科技的创新就是这样。同时我们要传承他们的精神，追星就要追这种科学之星，追这种大国工匠之星。这样，才能引领我们一步步地在科学道路上前进。

主持人：张晓曦

现在还有没有其他同学想要向刘教授请教的呢？

学生：陈思尧

刘教授，您好！我是来自北塘学校的陈思尧，我有一个问题想要问您，习近平总书记指出，"我们比历史上任何时期都更接近、更有信心和能力实现中华民族伟大复兴的目标"，同时"必须准备付出更为艰巨、更为艰苦的努力"，今后我们应该如何坚持走自己的路呢？

天津市滨海新区塘沽北塘学校学生
陈思尧
教授您好 我是来自北塘学校的陈思尧

👤 **故事剖析人：刘东志**

视频 如何坚持走自己的路？

这个问题也特别好，既然我们选择了这条大路，这是人间正道，我们就要矢志不渝地坚持下去。要走好这条路，我认为有以下几个方面：

第一个方面，坚定道路自信。因为道路决定方向，方向决定命运。我们之所以能走到今天，就是因为走了一条正确的道路。既然走出这条路来了，就要坚定不移地走下去。

第二个方面，要坚持艰苦奋斗、自力更生的精神。西方对我们封锁，我们怎么办呢？就要本着一种独立自主、自力更生的精神，坚持中国的事自己办，要有这样一种自信，不断地突破西方的技术封锁，走出自己的一条路来。我们既能白手起家，又能二次创业。

就会大步前行

第三个方面，要结合我们国情，知道中国是什么情况，一切从实际出发。我们不等不靠，也不能脱离中国的实际，如果脱离中国实际，往往就会失败。我们走出这条正确的路，也是与中国的实际相结合而得出来的。

第四个方面，涵养家国情怀，牢记初心使命。青年人是国家的希望，有了初心的指引，我们在发展过程中就不会迷失方向，就会大步前行。我们知识分子，也有着自己千百年来的家国情怀。从古到今，我们知识分子为天地立心，为生民立命，为往圣继绝学，为万世开太平。我们要使自己成为一个能担当起民族复兴大任的时代新人。

主持人：张晓曦

感谢刘教授的精彩分享，希望同学们能够树立志向，创新发展，让个人命运与国家前途同频共振，让个人发展与国家进步同向同行。

结　语

学习与感悟

问题一： 孟祥飞的经历给了你哪些启示？

问题二： 你认为，中国能一次次冲破西方世界的技术封锁的原因是什么？

问题三： 国家发展需要科技人才，作为学生，你能做什么？

我的感悟

_____

_____

_____

_____

_____

_____

_____

_____

_____

_____

_____

6

强国有我

拍摄场景

天津市耀华中学

本期主持人

张　喆　天津市耀华中学教师

本期嘉宾

故事分享人：于　辛　于敏院士后人

故事剖析人：孙兰英　天津大学马克思主义学院教授

学生

天津市耀华小学学生

天津市耀华中学学生

天津大学学生

环节一：开场

主持人：张喆

同学们，大家好！今天思政课实践教学的主题是"强国有我"，我们现在所在的位置是天津市耀华中学，这里不仅是人民解放军攻克国民党守军天津市内最后一个据点的战斗旧址，而且是被誉为第二国歌《歌唱祖国》的首唱之地。一代代耀华人以勤朴忠诚的校训精神为指引，以光耀中华为己任。近百年时间，耀华中学走出了以中国"氢弹之父"于敏为代表的 15 位院士。新时代青年应该如何传承先辈精神，历史赋予新时代青年什么样的使命担当？带着这些问题，我们走入今天的课堂。

环节二：故事分享

主持人：张喆

干惊天动地事，做隐姓埋名人。新中国的国防科技事业由弱到强，在民族复兴的伟大进程中，无数科学家付出了自己的智慧和生命。今天我们有幸请到了中国"氢弹之父"于敏院士的后人于辛先生，为我们分享于敏院士毅然投身国防科技事业的动人故事。

故事分享人：于辛

中国"氢弹之父"于敏后人
于 辛
我的父亲1926年出生于天津市宁河区芦台镇

同学们，大家好！我的父亲1926年出生于天津市宁河区芦台镇，先后就读于芦台一小、木斋中学、耀华中学，他的童年和少年时代是在国家内乱和日本侵略中度过的，少年时他险些遭到日军汽车的辗轧，所以他从小就有强烈的自强意识，明白落后就要挨打。

视频 于辛讲述
父亲于敏往事

1944年，我父亲考上了北京大学；1949年，他以北大理学院第一名的成绩毕业，并且考取了张宗燧先生的研究生，从事量子场论的研究。1951年，经胡宁先生的介绍，我父亲进入中科院近代物理研究所，不久开始从事原子核理论的研究。他凭借着扎实的理论功底和严谨细致的思维，在原子核理论研究方面渐入佳境，取得了一系列的突破。这期间在公开出版物上发表了很多篇高质量的文章，他的研究，填补了我国原子核理论的空白。他和北京大学杨立铭教授合著出版了我国第一部原子核理论专著《原子核理论讲义》。1961年年初，正当我父亲踌躇满志、准备乘胜追击，取得更大突破、更大成果的时候，钱三强所长找到了我父亲，请他从事氢弹理论的预研工作。

我父亲说："搞氢弹是很难的事情，它牵涉到科学、工程、技术的方方面面，涉及众多学科，这不太符合我的兴趣。但是，爱国主义精神压过了我的兴趣，所以我当时就答应了。"根据国家需要，他转行投身于我国国防事业中来。

搞氢弹研究对我父亲来说是一个完全陌生的领域，世界公认的氢弹的研制要比原子弹复杂得多，也困难得多。面对当时有核国家的严密封锁，我们科研人员只知道氢弹的爆炸当量比原子弹的大几十倍、上百倍。但是氢弹的原理是什么？怎么制造？制造中的关键因素是什么？对此没有任何消息，也没有查到任何资料。面对这种情况，从事研究的广大科研工作者，发扬自力更生、无私奉献、大力协同的精神，自学相关知识，从浩如烟海的数据中查找蛛丝马迹。

1965年9月27号国庆前夕，我父亲率领一支小分队来到了上海华东计算所，那里有一台每秒算力为5万次的计算机，由于国庆节不会有人用，我父亲就和队友们利用这个空余时间进行加强型原子弹的计算。他们到那里以后，面对着一摞摞的打印纸，他们一个字符一个字符地去分析，抓紧每一秒钟去查去看，终于从浩如烟海的数据中发现了蛛丝马迹，这个时候他们另辟蹊径，通过几个模型的计算，找到了热核材料自持燃烧的规律，形成了从原理、材料到构型等基本完整的氢弹物理设计方案。

1966年12月28号12时，我国氢弹原理实验爆炸成功，1967年6月17号，我国第一颗氢弹爆炸成功。

我父亲非常喜欢诸葛亮《诫子书》中一句话，就是"非淡泊无以明志，非宁静无以致远"。对于宁静他有自己的解释，他说所谓宁静，对于一个科学家来说，就是不为物欲所获，不为利害所移，不为权势所趋，始终保持一个严格的科学精神。

忆昔峥嵘岁月稠，朋辈同心方案求，亲历新旧两时代，愿将一生献宏谋；身为一叶无轻重，众志成城镇贼酋，喜看中华振兴日，百家争鸣竞风流。父亲在晚年回顾自己的一生时，多次说道，一个人的名字，早晚是要没有的。能把自己的微薄之力融进祖国的强盛中，便足以自慰了。

这就是我"身为一叶无轻重，愿将一生献宏谋"的父亲。

环节三：专家剖析

👤 主持人：张喆

感谢于辛先生的分享。于敏院士隐姓埋名，立志报国，用世界上最短的时间研制出了氢弹，铸就了新中国的国防基石。今天，强国强军有什么重要意义？我们有幸请到了天津大学马克思主义学院孙兰英教授为我们分享，大家欢迎。

👤 故事剖析人：孙兰英

同学们，大家好！刚才我们分享了于敏院士一辈子把强国强军作为奋斗动力的故事。于敏院士说，中华民族不欺负旁人，也不能受旁人欺负，一切都是为了国家需要。于老身上这种信仰、信念，这种家国情怀和人格风骨，他的爱国心、强军志，令我们非常感动。

视频 强国强军的意义

天津大学马克思主义学院教授
孙兰英
一辈子把强国强军作为奋斗动力的故事

习近平总书记在庆祝中国共产党成立 100 周年大会上强调,"以史为鉴、开创未来,必须加快国防和军队现代化。强国必须强军,军强才能国安。"这是由近代中国落后挨打的惨痛历史教训得来的,也是我们党领导中国人民站起来、富起来、强起来的重要经验。军事上的落后一旦形成,对国家安全的影响将是致命的。

翻开历史,从 1840 年到 1919 年的 80 年间,中国与列强签订了近千个丧权辱国的不平等条约,直到 1949 年新中国成立,我们才彻底告别了屈辱和灾难。国防的实力要同国家的实力相匹配,经济社会发展到哪一步,我们的国防建设就要推进到哪一步。新中国成立以来,我们党高度重视国防和军队现代化建设,"氢弹之父"于敏、火箭专家任新民等一大批的军工人潜心科研,不辱使命。我国敢于在关键的时刻亮剑,才顶住了来自外部的各种压力,维护了我们国家的独立、自主、安全和尊严。

党的十八大以来,以习近平同志为核心的党中央坚定不移推进国防和军队现代化,取得了历史性的突破和进展。我国的第一艘国产航母顺利下水,多用途无人机"翼龙"一飞冲天,沙场阅兵,国产装备密集呈现，我们创造了"上可九天揽月，下可五洋捉鳖"的国防科技创新的奇迹！

同学们，我们看今天的中国，比历史上任何一个时期都更接近中华民族伟大复兴的目标，国防和军队建设，这是国家安全的坚强后盾。军事手段是实现伟大梦想的保底手段，把国防和军队搞得更强大，这样我们的底气才足，腰杆才硬。

主持人：张喆

通过孙教授的分享，我们感受到了军强国强的重要意义。同学们有什么问题想和孙教授交流一下？

学生：崔释天

孙教授，您好！我是天津市耀华中学的崔释天，我有这样一个问题想请教您，就是我们生活在这样一个和平的年代，强军的重要性又应该怎样体现呢？

👤 **故事剖析人：孙兰英**

视频 强军重要性的体现

有句话说得好，我们并不是生活在和平年代，我们只是生活在一个和平的国家，越是和平年代越要重视我们的国防和军队建设。中国坚持走和平发展道路，坚定奉行防御性国防政策和积极防御的军事战略，我们不打第一枪，但是，坚不可摧的国防军队实力可以给潜在的敌人以警告，一旦其发动侵略，必然会付出沉重的代价。

正如习近平总书记在"七一"重要讲话中郑重宣誓的那样："任何人都不要低估中国人民捍卫国家主权和领土完整的坚强决心、坚定意志、强大能力！"

能战方能止战。当前中国处于发展的重要战略机遇期，但也面临着多元复杂的安全威胁。国家、民族的命运，从来没有像今天这样和军队的强大紧密联系在一起，现在的中国更需要一支强大的军队来捍卫我们的国家主权、领土完整和安全，维护国家海外的利益和促进世界和平与发展。

在今天，每当灾难来临，人民子弟兵就会雷霆出击，逆向而行，不惧生死，用血肉之躯为人民群众筑起一道道坚不可摧的"安全屏障"。同样，面对挑衅，他们是绝不含糊。中国，一点都不能少。我们可以看到：在滔滔洪水中，他们用血肉筑起长堤；在熊熊烈焰中，他们是逆火而行的勇士；在地动山摇时，他们用身体铺就生命的通道。人民军队来源于人民，根源于人民，服务于人民，并最终又回归于人民。

同学们，岁月静好，只因为有人替我们负重前行。想一想那些被欺凌、被压迫的国家，看一看那些饱受战乱之苦和经济衰退影响的国家和人民，我们就会明白，为什么今天我们要尊崇军队，为什么要爱护军队。这也是今天我们依旧要强军的一个重要的原因。

🎙 **主持人：张喆**

还有其他同学有问题想和孙教授交流吗？

🙋 **学生：孙兴昊**

孙教授，您好！我是来自天津大学的孙兴昊，我也有一个问题想要请教您，我很羡慕那些参军入伍的大学生，因为他们可以用实际行动来保卫祖国，但是大部分像我一样的大学生毕业后都进入了社会的各行各业，而不是成为军人。作为新时代的青年，我也很想践行强国有我的责任和使命，那么我应该怎么做呢？

👤 **故事剖析人：孙兰英**

兴昊同学，我要为你的责任感和使命感而点赞。

习近平总书记强调，"新时代的中国青年要以实现中华民族伟大复兴为己任，增强做中国人的志气、骨气、底气，不负时代，不负韶华，不负党和人民的殷切期望！"这一深情嘱托，凝聚着党的领袖、军队统帅，对广大青年的关心和厚望。

无数革命先烈在他们的青年时期就承担起了历史重任，如战争时期的陈延年、陈乔年，还有董存瑞、邱少云等等。他们用青春和热血书写了一首首激越雄浑的历史诗篇。在今天，我们看到像你们一样的"90后""00后"，用忠诚守护初心，用实干托举使命。比如倒在脱贫攻坚一线的黄文秀，奋战在抗疫战场的邱海波，拼搏在科研攻关前沿的付巧妹，在每一个平凡岗位都有青年的英姿，青春的光彩。

于敏院士也说过："一个人的名字，早晚是要没有的，能把微薄的力量融进祖国的强盛之中，便聊以自慰了。"把国家利益作为最高利益，视强国强军事业比天还高，还有什么难题攻不破，还有什么创新搞不成，还有什么对手不能超越？

视频 新时代青年如何践行强国强军的责任和使命？

同学们，我们可以从这几个方面来要求自己，第一，要坚定理想信念，把我的梦和中国梦紧密联系在一起，以强国有我之使命与担当，激励自身不断拼搏。第二，要把爱国之情转化为报国之志，不断增强我们的志气、骨气和底气，有了志向、风骨、根基，青年人才会拥有敢于奋斗、敢于胜利的资本，才能担当历史使命，锻造出彩的人生。第三，我们要以奋斗充实"当下"，珍惜"现在"，在强国强军的新征程上，必然会有艰巨繁重的任务，必然也会有艰难险阻，甚至是惊涛骇浪，唯有保持拼搏奋斗的精气神，赓续永久奋斗的好传统，才能永不懈怠，奋发有为，不辜负这个伟大的时代。

🧑‍🏫 主持人：张喆

感谢孙教授的分享，希望同学们把重任当成责任，把要求当成追求，用青春托举使命，有爱国心、强国心、强军心，听党话，跟党走，为祖国争光争气。今天我们的课程就到这里，同学们再见。

听党话 跟党走 为祖国争光争气

结 语

" 请党放心，强国有我！ "

学习与感悟

问题一：结合于辛老师的故事分享，谈谈你对"干惊天动地事，做隐姓埋名人"的理解。

问题二：结合世界形势，谈谈强国强军有何重要意义。

问题三：作为新时代的青年，强国征程中该如何做呢？

我的感悟

7

坚定不移走和平发展道路

拍摄场景

平津战役纪念馆

本期主持人

邢　璐　天津市滨海新区塘沽第七中学教师

本期嘉宾

故事分享人：杨长林　杨连第烈士长子

故事剖析人：王培军　原平津战役纪念馆馆长

学生

天津滨海职业学院学生

天津市滨海新区塘沽第七中学学生

天津市滨海新区渤油二小学生

环节一：开场

主持人：邢璐

　　同学们好！这里是平津战役纪念馆"中国精神展——抗美援朝精神展"。今天我们学习的主题是"坚定不移走和平发展道路"。1950年6月25日，朝鲜战争爆发，美国侵占平壤，并把战火烧到了鸭绿江边。为了捍卫祖国和人民的利益，为了维护祖国和民族的尊严，英雄的中国人民志愿军雄赳赳气昂昂跨过鸭绿江，同朝鲜人民和军队一道，历经2年9个月舍生忘死的浴血奋战，赢得了这场正义之战、爱国之战的伟大胜利，锻造形成了伟大的抗美援朝精神。

环节二：故事分享

主持人：邢璐

　　同学们，在抗美援朝战争中，铁道是反绞杀战的中心战场，志愿军铁道兵冒着被敌机轰炸的危险抢修桥梁，保障运输线的安全畅通。铁道兵一师一团一连副连长杨连第，多次出色完成朝鲜前线的道路桥梁抢修任务，用血肉之躯捍卫钢铁运输线。今天，我们有幸邀请到杨连第烈士的长子杨长林爷爷，请他为我们讲述那场艰苦卓绝的战争。

故事分享人：杨长林

"登高英雄"杨连第烈士长子
杨长林

　　1949 年，我父亲参加中国人民解放军铁道兵铁道纵队，当年他30 岁，在抢修陇海铁路 8 号桥施工中，他机智勇敢，创造单面脚手架，徒手攀上 45 米高的桥墩，使大桥提前 20 天通车，获得"登高英雄"的称号。

　　1950 年，美帝国主义入侵朝鲜，10 月，我父亲所在的部队编入中国人民志愿军铁道兵第 1 师第 1 团第 1 连，奉命开赴朝鲜前线。此时的朝鲜遍地都是大大小小的弹坑、倒塌的房屋、折断的电线杆、碎石。佛流江大桥被敌机炸毁，铁路运输中断，为尽快修复大桥，我父亲带领组员利用敌机轰炸空隙白天抢修，开创了铁道兵部队白天抢修的先例。在抢修时，他命令大家在桥下工作，自己却不顾安危攀上桥墩上作业，起梁速度比夜间增加了好几倍。他在桥墩的钢梁上站得高、望得远。发现敌机马上吹哨，指挥大家隐蔽，躲过敌机的空袭，他们仅用 4 天就完成了任务，全班战士都光荣立功。

1951 年 5 月，抗美援朝第五次战役展开，美军实施绞杀战，集中百分之八十空军力量轰炸朝鲜北部主要的铁路干线。7 月，连接志愿军前后方的主动脉清川江大桥被炸毁，近百列火车的军用物资被滞留江边，我父亲接到任务，带领一个排抢修大桥。当时朝鲜赶上 40 年不遇的洪水，清川江江水在一天内猛涨 6 米。我父亲不会游泳，却第一个系上了钢丝绳冲进江里。

他和战士们用枕木排浮桥、铁桶架浮桥等方法设法接近桥墩，在汹涌的激流中先后 11 次搭起浮桥，但都被洪水冲走。形势逼人，我父亲提出用"交叉钢梁立在江底"搭浮桥的办法，这种方法在修桥史上还是首次。经过昼夜奋战，几次中断的清川江大桥终于顺利通车，我父亲和战友们如期完成任务，保障了洪水期物资补给线畅通。1951 年 8 月，我父亲出席了志愿军铁道兵首届庆功大会；9 月，他当选为志愿军战斗英雄国庆观礼团代表回国观礼，并应邀列席政协第一届全国委员会第三次会议。

1952 年 3 月，我父亲已任副连长，但是又回到朝鲜。为阻止志愿军修复铁路桥，美国飞机在朝鲜北部的铁路线上投下了各种炸弹。我父亲带领他的连队顽强地战斗在清川江上。敌人连续轰炸，战士们连续抢修。1952 年 5 月 15 日上午 9 时，我父亲在指挥战士们起梁时，美军的定时炸弹突然爆炸，击中我父亲的头部，他英勇牺牲，时年 33 岁。

旁白：

革命先烈们浴血奋战，为如今的美好生活打下了坚实的基础。成长在和平时代、和谐社会的我们，应继承和发扬革命先烈不畏牺牲、艰苦奋斗的伟大精神，珍惜时光，刻苦学习，坚定不移走和平发展道路！

主持人：邢璐

同学们，杨爷爷的讲述令人动容，让我们真切感受到昔日战争的残酷和今日和平的珍贵，也更加理解了中国走和平发展道路的坚定决心。让我们感谢杨爷爷。

环节三：专家剖析

👤 主持人：邢璐

　　同学们，这场共和国的立国之战已经过去71年了，为什么这段历史至今仍如此打动人心？今天我们特别邀请到了原平津战役纪念馆馆长、全国革命文物百家讲述人王培军，下面请王老师与大家交流分享。

👤 故事剖析人：王培军

原平津战役纪念馆馆长
王培军
有的是充满激情

　　正像这位老师说的，为什么今天的人民还对这段历史，有的充满激情，有的充满敬仰，有的还充满思考？这场战役，时至今日还一直被热议，这是为什么？我想向老师和同学们分享的第一个问题是："我们既没有空军也没有海军支撑的人民志愿军，怎么打赢这场战争？背景是什么？"

　　当时，我们新中国刚成立一年，就钢铁这一组数字以吨为单位，当时我们的工业产能——如果说一年我们产1吨钢，美国人产多少？144吨。这是钢，还有吃的呢。当时我们产的粮食是什么情况？还是跟美国比，我们产1吨粮食，美国产多少？大约1.6吨。各位同学，美国才多少人？才1亿多人，我们多少人？天天在吃，还得支撑战争的需要，我实际讲的是工业跟农业。咱还得讲军事，我们先说坦克——因为我是军人出身，当年就开坦克，那大铁疙瘩，同学们，美国这一个军有多少辆坦克？430辆坦克，想想430辆坦克得摆多长吧。我们呢？相差悬殊。当然，我讲的是抗美援朝初期，具体来讲就是第一次到第五次战役，最惨烈的就是这几次。之后，我们装甲兵去了。战争是有阶段的，可是我们没有坦克。我们的战士怎么打坦克知道吗？手榴弹捆在一起，愣往那坦克上跑，最后放到履带里面去，坦克炸完了，战士也牺牲了，距离太近了。再说飞机——美国确实是空军大国，它的作战飞机就有好多种，轰炸机、预警机、运输机等。他们是1100架飞机，给步兵扫雷。我们有什么？我们的兵趴在地下、趴在战壕里，同学们，一场战事下来以后，那得多大伤亡啊？没有任何制空权。还有呢？海军——美国它为什么能够实施仁川登陆？它有资本，各类舰艇200艘。我们呢？到朝鲜去的我们的海军，0，我们没有海军，年轻的海军刚建立，没去。

这就是抗美援朝战争方方面面的条件。抗美援朝战争的胜利充分证明了志愿军将士不负人民的重托，不负祖国的希望。同时，抗美援朝战争的胜利，对我们整个亚洲的安全，乃至对世界上这种正义战争立起了一面旗帜。有句话说得好，抗美援朝战争的胜利，换来了"山河无恙，家国安宁"。

学生：贺雨菲

您好，王馆长，我是来自塘沽第七中学的贺雨菲。今天我想问您一个问题，我们现在虽然处于和平年代，但是世界并不是和平的世界，中国走和平发展道路可以避免历史的悲剧重演吗？

👤 故事剖析人：王培军

我们生活在一个和平的国家，世界并不和平，我们回首战争不是揭历史的伤疤，也不是延续仇恨，而是珍惜和平。那么，怎么才能珍惜和平呢？我们每一个中国人，不要忘记战争，它有胜利也有创伤，同时更要居安思危，世界并不和平。我们怎么才能防止战争的发生，维护世界和平呢？各位同学知道，今天我们中国特色社会主义进入了新时代，人民的钢铁长城有能力维护世界和平，防止或者制止战争的发生。

视频 中国走和平发展道路可以防止战争的发生

🧑 学生：乔新宇

王馆长，您好！我是来自天津滨海职业学院的大二学生乔新宇。今天我想提问的是：我们坚持走和平发展道路，但是前进的道路不是一帆风顺的，处处充满了挑战，那么面对西方国家的种种挑战，我们该怎么做呢？

故事剖析人：王培军

视频 我们应该如何应对西方的挑战？

当今世界并不和平，我们中国作为一个爱好和平的国家，提出来要构建人类命运共同体。第一点，人类是一个共同体，不要天天你打我打，共同发展才能共赢。第二点，那还得是强大，我们就要建设世界一流的人民军队。我们建设世界一流的人民军队，不是为了侵略别人，我们可不是为了打别人，我们是防止别人打我们，这是我们一贯的原则。第三点，你们小学生、中学生、大学生，每个人应该干什么？你们是祖国的未来，我想就是珍惜今天的青春年华，珍惜今天的大好时光，把身体搞好，把学习搞好，将来有了真本事，让祖国挑选，为人民担当。我想这就是远与近的结合，对不对？强国有我啊！

学生：常裕博

您好，王馆长，我是来自渤油二小的常裕博。我要提的问题是：今天的我们能为和平发展做些什么呢？

故事剖析人：王培军

千里之行，始于足下。你们现在正是长身体、长知识的年龄。作为小学生，你们关心班集体，努力学习，乐于助人，作为一个社会的小公民，勇于担当，包括开展志愿服务活动，捡一个垃圾，这就是报国。报国不是抽象的，是具体的。学生首先要好好学习，学习不好，那都是空谈。第二，要有真本领，将来长大了，时刻准备着，为祖国的发展贡献自己的力量。

主持人：邢璐

感谢王馆长的分享。同学们，抗美援朝战争用铁一般的事实告诉世人："任何一个国家，任何一支军队无论多么强大，如果站在世界发展潮流的对立面，恃强凌弱、倒行逆施、侵略扩张必然会碰得头破血流。"这一战再次证明正义必定战胜强权，和平发展是不可阻挡的历史潮流。同学们，让我们铭记历史，珍爱和平，继承和弘扬伟大的抗美援朝精神，为实现中华民族伟大复兴而奋斗。

结 语

" 作为滨海职业学院的一名大学生，当下主要的任务是学好本领，建设祖国，一旦祖国有需要，我也能像先辈们一样，豁得出去，冲得上来。"

" 现在的祖国日益强大了起来，作为新时代的中学生，我们要立志让祖国的和平发展道路越走越宽广。"

" 我们不能忘记先辈们的牺牲，要更加珍惜来之不易的美好生活，争做新时代的好少年。"

学习与感悟

问题一： 谈谈你对"抗美援朝"精神的感悟。

问题二： 和平与发展是当今世界的潮流和走向。二者是怎样的辩证关系？

问题三： 在和平发展道路上，我们应该怎样贡献自己的力量？

我的感悟

8

奋进新时代

拍摄场景

天津市体育博物馆

本期主持人

郑志萍　天津市第二南开学校教师

本期嘉宾

故事分享人：李　珊　奥运冠军、前中国女排运动员

故事剖析人：吉承恕　天津体育学院院长、教授

学生

天津体育学院学生

天津市第十一中学学生

天津市和平区新华南路小学学生

环节一：开场

🎙 主持人：郑志萍

同学们，大家好！今天我们来到天津市体育博物馆开展思政课实践教学。今天的主题是"奋进新时代"。就在前不久结束的第十四届全国运动会上，天津女排再次夺冠，完美地演绎了"锐意进取，迎难而上，顽强拼搏，争创第一"的天津女排精神。那么天津女排的夺冠密码是什么？作为青年、少年，我们应该怎样奋进新时代呢？下面我们一起走进天津市体育博物馆，探寻这些问题的答案。

环节二：故事分享

🎙 主持人：郑志萍

今天我们特别邀请到前中国女排运动员、奥运冠军李珊老师来为我们分享她的奋斗故事。

👤 故事分享人：李珊

同学们好！我是李珊，是2004年雅典奥运会的冠军，也是前中国女排运动员。大家在这张照片上应该已经认出了我，这个就是我。这张照片展示的是我和我的队友张娜和张平，还有我们国家队的队友一起获得了2004年雅典奥运会的冠军。今天非常高兴能和大家一起分享我的成长故事。

我是从10岁的时候开始接触排球的，当时也是加入了学校的排球队。那个时候可能想的是为学校争光，成为校队的主力，然后能够在天津市的比赛里面获得冠军。12岁的时候进入了天津市体校，其实就是中学，就像后边的这排同学，当时就可以代表天津市去参加全国的比赛了。那

视频 李珊讲述
奥运故事

个时候打的都是全国的少年比赛，13岁到15岁，那个时候我们获得了4次全国冠军，为家乡争光这样一个目标也是一直成长在我们的心里。随着我不断地长大，15岁进入了天津女排，这个时候就和我的队友——张娜，还有很多其他天津女排比我大很多的大姐姐在一起训练。当时

进队的时候年龄还比较小，和成年队一起训练，那时候觉得自己的技术水平等都不是特别得好，但是一直有这种努力的一个目标，希望能早日赶上大姐姐，希望能早日代表天津女排站在全国的赛场为天津争光。

19岁的时候我就入选了国家队，那时候也是非常幸运。第一次参加世界大赛是在1999年的世界杯比赛，2000年也和大姐姐们一起参加了悉尼的奥运会。进入国家队对我来说是非常重要的，从那个时候起就开始在心里种下为国争光这样一颗种子，不断地去生根发芽。

2004年的时候我们来到了奥运会，在雅典奥运会上其实最值得去回忆的是决赛的那一场比赛，当时中国女排是0：2落后，我们的对手是俄罗斯。我记得第4局的时候，俄罗斯已经23：19领先了，没想到这个时候竞技体育赛场上什么都可能发生，可能是所有人的一股拼劲，在23：19落后的情况下，中国女排在这一局又反败为胜了，然后把整个比赛拖进了第5局。在大家的共同努力下，中国女排当时第5局是以15：12取胜的，所以在这个过程中上演了一个惊天的逆转。我们在遇到困难的时候，最重要的是不放弃，有一句话叫"没有失败，只有放弃"。很多人都问说，在落后的时候有什么秘诀吗？我想可能就是坚持，就是不放弃，在这个过程中也许会有机会。其实，天津女排经常上演这样的惊天逆转的比赛。

如果我们领先很多，这样的球是很好打的，因为把压力给了对手，但是当你落后很多的时候，我们更多的应该想到的是什么？可能就是"永不言败"的这样一种精神。永不言败其实讲的是我们在任何时候不论落后多少都不能服输。我想这可能是一个运动员最应该具备的精神。不管是小学生、中学生还是大学生，未来你们都会是祖国的栋梁，这种永不服输的精神、永不言败的精神，其实对我们来说是最重要的。好，今天非常高兴能和小学生、中学生和大学生们，和年轻的朋友们，一起分享我的成长故事，分享中国女排的故事。

👤 学生：张志垚

李老师，您好！我是天津体育学院排球专项的学生。有一句话叫无逆转不天津，我特别想请教您，您在失利时是如何克服压力实现逆转的呢，有没有什么诀窍？

👤 故事分享人：李珊

其实这一句话真的是听到很多了，确实天津女排在整个成长的过程中经历了很多这样无逆转不天津的时刻，尤其在第一次获得全国冠军时，也是在决胜局13∶9落后的时候实现了惊天的逆转。其实，这样的逆转有的时候是我们在场上可以看到的，在比分落后的情况下可以反败为胜，但实际上这样的逆转更多的时候是在整个奋斗的过程中。进入天津女排的时候，我还是一个年轻队员，那个时候每年经历的都是保级

视频 李珊分享失利时如何克服压力逆转比赛

113

战，我们都在第八、第九，或者是第十、第十一这样的位置上苦苦地挣扎。经过几年之后，天津女排就从这样的落后的一个位置上慢慢走到了前面，甚至取得了冠军。我想这个过程也是一个无逆转不天津的过程。

在遇到困难的时候，第一，不要放弃。不放弃是一个非常好的精神和品质，不管是作为运动员也好，还是对整支队伍来讲。第二，我想排球这个项目是一个集体项目，依靠的是每一个人，是团结协作，我更多的时候会依靠身边的队友。在我感觉到有一些动摇或者发挥不理想的时候，我会向我的队友寻求帮助。当然，在我队友需要我帮助的时候，我也会义无反顾地用自己的全力来维护这一个队伍。所以，我想依靠集体的力量来渡过难关也是非常重要的。

学生：马一贺

老师好！我是来自天津市第十一中学的学生。我看到无论是中国女排也好，天津女排也罢，她们取得了一次又一次的胜利。那么我想问您的是，在取得胜利的过程中，女排是如何保持一种持续奋斗的精气神的呢？

故事分享人：李珊

视频 | 如何保持持续奋斗的精神？

这个问题真的非常好！大家看到中国女排2004年获得奥运会冠军，包括天津女排虽然从2003年开始获得冠军，其实天津女排是在1956年建队，有一代又一代的教练员和运动员为这个事业不断地付出。我想其实排球也是一项非常伟大非常艰苦的事业，在这个过程中，每一个运动员都是把自己的青春奉献给了这个事业，每个人融入天津女排和中国女排这样优秀的集体当中，每个人都能贡献自己最大的力量。一个团队、一个项目想要进步，其实需要大家的力量。我想正因为是这样一个优秀的集体，每个人在这个集体当中相互影响，相互感染。有一句话说得好，和优秀的人在一起，然后你也必将成为优秀的人。那么如果想成为优秀的人，也要进入一个优秀的集体，而且你自己的奋斗，自己的奉献，也会让这个集体变得越来越优秀，所以大家可以有不断的动力，然后一直往前走下去。我想这就是天津女排和中国女排可以不断奋斗、不断前进的一个原因。

旁白：

2021 年 9 月，中国共产党中央委员会批准了中央宣传部梳理的中国共产党人精神谱系第一批伟大精神，"女排精神"被纳入，定义为"祖国至上、团结协作、顽强拼搏、永不言败"。

女排精神历久弥新，所蕴含的意义已经远远超越了体育的范畴，被视为融入各项事业中的宝贵精神财富，已经深深扎根在中国人的心中。在奋进新时代的征程中，女排精神将激励着我们向着实现中华民族伟大复兴的中国梦，继续奋勇前进。

环节三：专家剖析

主持人：郑志萍

从李珊老师的分享当中，我们深刻体会到伟大梦想不是等得来、喊得来的，而是拼出来、干出来的。那么我们应该如何理解、传承这种精神呢？今天我们还特别邀请到了天津体育学院院长吉承恕教授来为我们分享。

故事剖析人：吉承恕

大家喜欢天津女排，天津女排为什么会赢得大家的喜欢呢？我想主要的问题是天津女排能打胜仗。怎么能够打胜仗呢？怎么在落后的时候，在可能输球的时候，也不气馁，也不服输？怎么能够有这样的一种不服输的精神，能够让这个队伍永远去打胜仗？我想她们大概有三个方面的努力。

第一个方面，就是有一种英雄情怀。天津女排得了这么多次的冠军，并不仅是有绝对的冠军的实力，更多的时候可能实力比第二名、第三名还有一些不足的地方，有弱项。正是由于她们有一种为冠军而战，为第一而战，为金牌而战和为这个城市荣誉而战的情怀，所以才支撑着她们从这个队伍的组建到整体的训练的安排，每一天训练计划的总结，每一周训练的总结和每一年每一个阶段的工作，总之围绕着训练的所有的工作，都是为了拿金牌，这个信念不动摇。

但是光有这样一种精神也不行。你蛮干，就是凭着勇气硬拼，那也是拼不来的。所以，我觉得天津女排还有第二个"有"，叫有办法。那么对排球来说有办法就需要科学训练。科学训练会涉及很多问题，比如说高大运动员怎么能够在训练当中既增强了体力，又不受伤，包括运动员在比赛当中心里应该怎么去想，怎么去调整自己，这是一系列科学训练。除了这个以外，天津女排在日常的训练当中也是非常注重对新的训练技术方法的引入的。可以说在我们国内的女排当中，天津女排训练的科学化程度和水平是最高的。

但是只有一种英雄主义情怀和科学训练的办法也是远远不够的。有拿冠军为市争光、为国争光的志向，讲究了科学训练的方法，比赛中仍可能处于落后局面。这时，我们仍然能够敢打敢拼，这需要什么呢？需要毅力。而只有一个人有毅力是不行的，集体项目是全队都要有这样一个毅力。这个毅力是怎么出来的呢？奋斗出来的。天津女排几十年以来，每一年休息的时间都屈指可数，春节的时候只放一天或者是两天假，马上就投入训练去了。对她们来说，没有见过她们这个院子以外的白天是什么样的。一年365天，大量的高强度的训练，才能够让运动员有了集体的毅力、拼搏精神，给了她们一次一次的胜利。背后支撑她们的是这一种英雄主义的情怀，是一种科学训练所产生的制敌的这种有效的办法，同时也是比对方更艰苦的、更大运动量的训练所磨炼出来的一种必胜的毅力。

👤 **主持人：郑志萍**

非常感谢吉教授的分享。在吉教授的分享过程中，我们记住了三个关键词：一有英雄情结，二有科学的办法，三有坚强的意志。那么同学们听完这三点之后有哪些启发或者问题呢？

视频 如何做到敢于斗争、敢于胜利？

🙋 **学生：赵钰龙**

吉老师好！我是和平区新华南路小学三年级四班的一名学生。什么是敢于斗争，敢于胜利，我们应该怎么做呢？

👤 故事剖析人：吉承恕

很好的一个问题，谢谢你。对于不同年龄阶段的人，敢于斗争和敢于胜利，它的含义是不一样的。我想你们今天还是学生，不管你们是小学生、中学生，还是大学生，那么作为学生的敢于斗争和敢于胜利，和一个工作人员不一样。虽然说你们今天的努力就是为了明天的建设，但是就你们今天来说应该怎么做呢？习近平总书记在接见中国女排的时候深情地指出，中国女排祖国至上，团结协作，顽强拼搏，永不言败。

第一点叫祖国至上。祖国至上就是打球的人把为祖国争光作为最高的任务。那么作为你们学生来说，也应该内心有一个情怀，就是为什么而学习，把什么作为你们今天刻苦学习中克服各种困难的动力呢，我觉得也要把目标定得远大一些。我们青年学生要立鸿鹄之志，就是一飞冲天又高又远。从小要立大志，那么对于排球精神来说是为国争光，叫祖国至上。对你们来说，这个社会需要的工作很多，不是所有人都要打排球，还需要科学家，需要大国工匠，需要社会的管理者，需要卫生事业的贡献者。每一个人都要把为国家为民族贡献的那个点作为自己的志向。

每一个人要把为国家为民族贡献的那个点

第二点我觉得也很重要，叫团结协作。排球是很有意思的一个项目，在排球项目当中，明星和整体的水平之间的关系是一个特别辩证的关系，没有绝对意义上的明星，没有救世主。结果是大伙拼出来的。我们看排球就会想谁最后打了那一下赢了，但你想排球一个人只能碰一下那个球，那么你怎么打到这个球的？是后排防守的运动员拼命把它接起来的，我们防守运动员不但要拼命接起来，而且要拼命地接到最好的那个位置。她们有的时候接起来可能已经不容易了，但是要再接到最好的那个位置去，需要摔出去很远，为的是下一个人——二传手，二传手要把这个球最好地传到最佳的进攻点位上去。所以你说哪一个人是最重要的？整个队伍没有一个人是不重要的。我建议你们在同学当中也建立一个队友的概念。同学是咱们一块去学习这样一个身份，队友的概念是在拼搏的过程当中互相支持，互相帮助，你赢了就等于我赢了，我想赢就先要帮助别人赢。我觉得我们青年人应该有这样一种团队精神。

第三点也很重要，顽强拼搏。这个顽强拼搏我觉得是全方位的顽强拼搏。我们不能够一说顽强拼搏，就想到的是投入我们的文化课学习当中去，当然那是顽强拼搏的一个重要内容，但它真的不是全部。一个青年人未来面对社会的竞争，面对为国家做一点事情这样的一个任务，我觉得就像我们的教育方针说的那样，德、智、体、美、劳要全面发展。今天我们学习女排精神，其中就包括为了国家、为了这个城市的荣耀去担当，我觉得还包括你们要锻炼身体。

不只中国要发展，全世界都要共同发展。所以我们在为国争光。你要当一个中华民族复兴路上的各个方面优秀的、杰出的，或者是很合格的一个人，其实还要看得更远，竞争对手不是你今天的同学，也不是说其他省份的那些同学，甚至不是今天和你们同龄的外国同学，他们都将是你们的队友，我们人类共同面对着能源问题、环境问题、地球变暖的问题，还有一些局部战争的问题、社会治理的问题、公共健康的问题。所以，不论你们今天在读哪个学校，你们把顽强拼搏的定义，要定到为你的家庭争得荣耀，为你的母校争得荣耀，为你所在的城市争得荣耀，为中国争得荣耀，还不止，还要为人类的幸福去造福。那么要做到这一点，就需要有一个好的身体。没有一个好的身体，我们将来怎么承担这么重的事情呢？所以，我们要把文化课的学习和身体的锻炼，还有我们一些艺术方面的专长，其他方面的爱好，把德、智、体、美、劳全面发展的事情都当成一个事。自己先想一想，然后安排好自己的时间，要多去锻炼身体，有个强壮的体魄。

投入到我们的文化课学习当中去

最后一点是永不言败。刚才这个同学也问到，就是说我们应该怎么去理解和贯彻落实这个敢于斗争，敢于胜利？我觉得敢于胜利就是永不言败。可能有同学会想这个敢于斗争还能理解，因为斗争总是面对困难，那么胜利也需要敢于吗？是这样的——我们通向胜利的路并不是说胜利的第一步，胜利的第二步，胜利的第三步，一直到最后胜利了。如果是这样走一条胜利之路的话，那么没有敢不敢的问题，谁都愿意去走。真正通向胜利的路是这样的——困难、挫折、徘徊、彷徨、苦恼，有的时候可能是绞尽脑汁，有的时候甚至头疼欲裂，有的时候持续地思考仍不得其法，不得要领，不得解脱——是在这条路上再走一步就胜利了。是这样来的。所以永不言败就是我们要走到胜利路上去的一种精神。刚才我们说到的，精神是不可能替我们打球的，但精神可以给我们带来信心，有了信心我们再去努力的时候，就不怵头，就愿意去努力。在排球里面，可能现在比分落后，我们还要不要努力？永不言败！在永不言败的努力当中，可能迎来的就是胜利，胜利是在这个当中得到的。

同学们可能会面对很多学习啊、锻炼啊、成长的生活中方方面面的困难啊、苦恼啊；可能有的时候努力了一下，并不是每下努力都能马上见到成功的效果。永不言败的精神和敢于胜利的要求，实际上就是让我们在面对任何困难的时候，都坚定信心，告诉自己我行，告诉自己努力就能达到，努力就能改善，改善就有希望。在这样的一种信念之下，我们就愿意不断地去尝试，不断地去探索，而胜利就在这些克服困难的各种尝试探索当中产生了。我希望你们自己再去思考，举一反三。我相信一定能从女排的这种精神当中挖掘到我们中华民族的那种精神当中的不竭的力量。

主持人：郑志萍

非常感谢吉教授的分享！在吉教授给大家的寄语当中，我们体会到作为新时代的青少年，我们要有鸿鹄之志，还要有团结协作的精神。无奋斗不青春，那么这种奋斗不单纯的只是我们每一个人的奋斗，而是团结协作的奋斗。在未来的学习生活当中，我们还要有顽强拼搏、永不言败的这种精神。那么通过今天的学习，我们特别能够体会到，实现梦想需要我们每个人的付出与努力，希望同学们能够不忘初心，珍惜韶华，为实现中华民族伟大复兴的中国梦贡献青春力量。

结 语

> 奋进新时代，我们都是追梦人。

学习与感悟

问题一：谈谈你对"女排精神"的理解。

问题二："奋进新时代，我们都是追梦人"，在新时代的征程上，作为新时代的青年，我们该如何做?

我的感悟

9

画出最大同心圆

拍摄场景

天津博物馆

本期主持人

刁晓晶　天津第五十五中学教师

本期嘉宾

故事分享人：郑吉安　吉鸿昌外孙女

故事剖析人：徐　中　天津市委党校副校长

学生

天津市第九十中学学生

天津外国语大学学生

天津市和平区岳阳道小学学生

·环节一：开场

🎤 主持人：刁晓晶

习近平总书记在"七一"重要讲话中指出，新的征程上，我们必须坚持大团结大联合，坚持一致性和多样性统一，加强思想政治引领，广泛凝聚共识，广聚天下英才，努力寻求最大公约数、画出最大同心圆，形成海内外全体中华儿女心往一处想、劲往一处使的生动局面。

作为新时代的青少年，我们应该如何在新的征程上画出最大同心圆？我们应该在坚持和扩大爱国统一战线的生动实践中，承担什么样的责任呢？带着这些问题，我们一起走进天津博物馆，共同探寻问题的答案。

同学们，今天我们有幸请到了抗日爱国将领吉鸿昌将军的后人郑吉安老师，请她为我们讲述吉鸿昌将军的故事，我们有请郑老师。

环节二：故事分享

故事分享人：郑吉安

同学们，大家好！我是吉鸿昌烈士的外孙女郑吉安，今天将由我给大家介绍我的外祖父吉鸿昌烈士光辉的一生。我的外祖父1895年出生在河南省扶沟县吕潭镇的一个贫苦农民家庭。1913年抱着救国救民的初衷，18岁的他参加了冯玉祥的西北军，开始了他的戎马生涯。随后多年，他几经沙场，从士兵递升排长、连长直至军长。1930年中原大战，他所在的队伍被蒋介石收编，随后蒋介石派他去攻打工农红军创立的鄂豫皖苏区。当时外祖父的队伍被称作铁军，很少打败仗，但是跟工农红军的这一仗，他损失了一个团。

"究竟是什么样的队伍打败了我？"带着这样一个疑问，他暗访了鄂豫皖苏区。到苏区以后，他亲眼见到了当地的老百姓送子当兵、送

视频 郑吉安讲述外祖父吉鸿昌往事

夫参军的场景，并从当地的老百姓、工农红军深入地了解到，工农红军才是老百姓的队伍，因为工农红军是中国共产党领导下的队伍，他们是为人民谋幸福、为中华民族谋复兴的。从苏区暗访回来，他就作出了一个决定，再也不与工农红军开战，并且把武器弹药留给工农红军。随后他还率部准备起义，但是消息被走漏了。蒋介石得知消息之后，立即解除了他的兵权，并且强令他出国考察。正在这时"九一八"事变爆发了，日本帝国主义侵略了我国的东北三省。外祖父几次找到蒋介石请缨抗日，但是都遭到了拒绝，并再次强令他携眷出国考察，这样外祖父被迫离开了祖国。

正在这时"九一八"事变爆发了

在国外他每到一处都要向当地的华侨宣传祖国的抗日形势，呼吁华侨华人支持祖国抗日。许多华侨华人听了他的宣讲后，都积极地支持并声援祖国抗日。

在国外还发生了这样一个故事——"我是中国人"。外祖父在美国的一家邮局向国内邮寄包裹的时候，邮局的职员说"我们不知道中国"。他听了以后非常地气愤。这个时候随行的国民党派去的人员，就说"你如果说你是日本人，就能够受到礼遇"。外祖父听了以后气愤地说，"你觉得做中国人耻辱，可我觉得做一个中国人光荣"，说罢，他转身离开了邮局，回到旅店以后，他找来了一块木牌，在上面写上"我是中国人" 5 个大字，并且让翻译把它翻译成英文，也写在了牌上。每当他外出的时候，他都要把这个木牌挂在胸前，在人群中昂首挺胸地走过，显示出做一个中国人的骄傲。

外祖父虽然身在海外，但他时刻牵挂着祖国，上海"一·二八"事变爆发后，他未经蒋介石的许可毅然回国。回国的轮船驶进中国港的时候，他亲眼目睹了祖国遭受日寇侵略的情景。面对如此惨状，他义愤填膺，同时他也深刻地体会到，在国家危亡的时候，国民党政府是靠不住的，只有共产党才能救中国。这更加坚定了他要加入中国共产党的决心。他回到祖国的第一件事就是，立刻和地下党的同志取得联系，并在接受了组织的考验之后，于 1932 年光荣地加入了中国共产党，完成了一个旧军人到中国共产党人的转变。

于1932年光荣地加入了中国共产党

加入中国共产党之后，外祖父朴素的情怀得到了升华。日本帝国主义大举入侵中国，国难当头的时刻，他挺身而出，毅然北上，和冯玉祥、方振武在张家口成立了察哈尔民众抗日同盟军，他担任北路前敌总指挥。为了筹备同盟军的武器弹药，他不惜毁家纾难，一次交党费6万大洋。在战场上他身先士卒，率领同盟军浴血奋战，一举收复了宝昌、康保、沽源、多伦等重镇，成为自"九一八"事变以来中国军队首次从日本侵略者手中夺回失地的壮举。但是由于蒋介石"攘外必先安内"的政策，并且和日伪军联合夹击同盟军，致使同盟军最后还是失败了。外祖父秘密地回到天津，开始从事地下党的工作。他把自己的住所，当时也叫作红楼，用于地下党的联络站，并且在红楼成立了中国人民反法西斯大同盟，他担任主任委员，在这里积极开展抗日民族统一战线工作。

1934年11月9日，他在国民饭店38号房间，与李宗仁派来的人员商讨如何重组抗日武装的时候，特务进来实施暗杀，外祖父不幸负伤被捕。1934年11月24日是外祖父就义的日子，这一天他在刑场的土地上，以树枝作笔，大地为纸，写下了气壮山河的就义诗："恨不抗日死，留作今日羞。国破尚如此，我何惜此头。"短短20个字的五言绝句，道出了他面对死亡气吞山河的豪迈气概，道出了他未灭日寇身先死的遗憾与愤懑，也勾勒出了他对祖国对人民的无限情怀。

也勾勒出了他对祖国对人民的无限情怀

环节三：专家剖析

主持人：刁晓晶

我们应该如何理解爱国统一战线呢？我们今天有幸请到了天津市委党校的徐中教授为我们进行深入的剖析，有请徐教授。

故事剖析人：徐中

天津市委党校副校长
徐中
抗日爱国将领吉鸿昌将军的故事

在刚才，郑吉安同志和同学们分享了抗日爱国将领吉鸿昌将军的故事，同学们都非常感动。吉鸿昌将军原来是国民党的一名旧军人，也是国民党的一名高级军官，曾经当过国民党的军长，但是吉鸿昌将军为了寻求救国救民之路，毅然放弃了国民党的高官厚禄。1931年"九一八"事变之后，吉鸿昌将军坚决主张抗日，特别拥护中国共产党倡导的抗日民族统一战线，随后加入中国共产党，为抗日民族统一战线做了大量的工作，最后壮烈牺牲，献出了宝贵的生命。吉鸿昌将军的民族大义、爱国情怀，以及他个人高风亮节的品德都值得我们学习和敬仰。

视频 如何理解爱国统一战线？

那么谁是我们的敌人，谁是我们的朋友？中国共产党从建党之初，就面临这样的一个问题，毛泽东同志讲这是中国革命的首要问题。在中国共产党100年的发展历程当中，在不同的历史时期，我们党都主张团结一切可以团结的力量，建立起统一战线。比如说在大革命时期，我们党建立了民主联合统一战线；在土地革命战争时期，我们党建立了工农民主统一战线；在抗日战争时期，我们党倡导建立了抗日民族统一战线；到解放战争时期，我们党主张建立了人民民主统一战线；在今天，我们党建立了爱国统一战线。在不同历史时期，统一战线都为推动我们党的事业发展进步贡献了巨大的力量。一个政党也好，一个国家也好，它的发展壮大要有很多的条件、很多的因素，但是很重要的条件和因素是要具有强大的凝聚力和向心力。统一战线就是100年来中国共产党的重要法宝。人心是最大的政治，共识是奋进的动力。100年来，正是因为共产党团结一切可以团结的力量，画出最大的同心圆，才领导全国人民迎来了从站起来、富起来到强起来的伟大飞跃，成为中华民族历史上以及人类社会发展史上的一个伟大的奇迹。

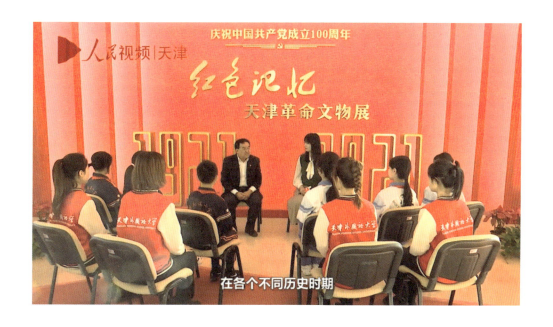

主持人：刁晓晶

　　感谢徐教授的讲解，让我们对爱国统一战线有了深入的了解，那么下面我们进入互动环节，哪位同学有问题可以向徐教授提问。

学生：袁境唯

　　徐教授，您好！我是九十中学的袁境唯，刚才您提到了画好同心圆，我们应该如何画好同心圆呢？

视频 如何画好同心圆？

故事剖析人：徐中

　　好的，画好同心圆，我想首先是要坚持中国共产党的领导，因为同心圆画得再大，它也只有一个圆心，这个圆心就是中国共产党的领导。这一点上我可以有一个例证，就是我们的国旗——五星红旗，五星红旗上那颗大星代表中国共产党，周围那四颗小星代表社会的各阶层。五星红旗的寓意是，社会各阶层的人民群众团结在中国共产党的周围，这也是中国共产党爱国统一战线，或者中国共产党统一战线的一种鲜明的表达。100年来我们党在各个历史时期都坚持和弘扬爱国统一战线，所以才取得今天这样的伟大成就。

第二点画好同心圆，还要巩固共同的思想基础。我想大家可能对抗击新冠肺炎疫情都有深刻的认知。在2020年初，在武汉疫情特别严重的时候，在美国的洛杉矶有几位华侨自愿掏钱，买了一批抗疫物资要寄回国内。在机场清关的时候，他们在抗疫物资清单上没有署个人的名字，而是写了4个字"中华儿女"。这体现了中华儿女民族大团结的情怀，也是海内外中华儿女共同的一种心愿。中华民族伟大复兴是所有海内外中华儿女共同的梦想，正是因为有这样的梦想，所以我们党才能凝聚起更强大的振兴中华的力量。

画好同心圆的第三个方面，就是要求要围绕党和国家的工作大局，发扬求同存异、体谅包容的光荣传统。因为爱国统一战线包括各党派、各团体等社会各界，差异性是客观存在的。只有我们对社会各阶层、各团体做好耐心细致的思想工作，才能消除差异，体谅包容，才能使社会各界在统一战线内畅所欲言，同时又能够发挥社会各界的作用，共同凝聚起振兴中华民族的强大力量。

📛 主持人：刁晓晶

谢谢徐教授，还有哪位同学有问题吗？

💺 学生：韩立雪

徐教授，您好！我是来自天津外国语大学的学生韩立雪，我想请问您，现如今互联网已经融入我们生活的方方面面，习近平总书记也曾多次提到要构建网上网下同心圆，那么作为其中的一分子，我们应该如何做呢？

💁 故事剖析人：徐中

网络空间是网民的一个生活空间，也是网上的一个精神家园。同学们都上网，网络已经融入我们的生活当中。我们每一个人也都希望在网络上有一个晴空万里的空间，谁也不愿意看到网络上充斥那种暴力、欺骗、谩骂、谎言，这些是大家不愿意接受的。所以我觉得在网络空间画好同心圆，要求我们每一个人在网上传播正能量。网上的同心圆和我们现实生活的同心圆，是重合的，那么我们要画好最大的同心圆，需要做好网络空间的各项工作，这样的话才能够使新时代的统一战线发挥更大的作用。

视频 如何构建网上网下同心圆？

"人心齐，泰山移"，网上网下同心，传播正能量，弘扬主旋律，就能够画好网上的更大的同心圆，凝聚起社会各界的共识，为推动中华民族的伟大复兴贡献更大的力量。

👤 **主持人：刁晓晶**

谢谢徐教授，那么还有其他同学有问题吗？

🙋 **学生：穆思源**

徐教授，您好！我是来自和平区岳阳道小学6年级10班的穆思源，我的问题是：我们参与到爱国统一战线，大家要怎样做呢？我们同学应该怎样参与到中华儿女大团结中呢？

👤 **故事剖析人：徐中**

视频 新时代青年如何参与到中华儿女大团结中去？

这个问题提得很好，就是联系同学们的生活实际了。实际上在我们的现实生活当中，爱国统一战线无处不在，比如说在新中国成立的时候，像钱学森等那些著名的科学家，冲破重重阻挠，从国外回到祖国。广大的香港、澳门、台湾同胞，都拥护爱国统一战线。特别是台湾同胞和我们大陆同胞一样，也非常希望祖国统一。在我们的现实生活中，在我们身边还有一些民主党派的人士，都是我们今天爱国统一战线的重要力量，他们也都为国家富强在从不同的领域做贡献。中国这么大，如果团结起来，那就是一股强大的力量，如果不团结，反而成为一种很大的负担。对于我们青少年来说，对于我们学生来说，如何参与到爱国统一战线呢？

我觉得首先我们就要学习革命先烈、革命前辈的精神，传承他们的革命精神、优良传统，比如说今天我们讲的吉鸿昌将军，就是一个抗日民族统一战线时期的典型代表。吉鸿昌将军就值得我们去学习。

那么我们说中国这么大

　　另外还要求我们的同学们要树立远大的理想，为共产主义信仰，为中国特色社会主义的共同理想，为建设我们现代化强国而发奋学习，然后争取将来成为对国家对社会有用的人才。现在学校特别强调思想政治课，教育部、天津市教委等，正在推进大中小幼思政课的一体化。思政课教育的一个主题就是爱国、爱党和爱社会主义的统一，而爱国、爱党、爱社会主义也是新时代爱国统一战线的要求，所以我们现在就开始树立这样的理想，在以后的学习和工作实践当中，坚持爱党、爱国、爱社会主义的统一，像这样也可以说我们就已经参与到爱国统一战线当中来了。就是我们每一个人也会为统一战线做出自己的贡献。

主持人：刁晓晶

　　谢谢徐教授，相信通过今天的学习，同学们一定也是收获满满的，希望大家能够树立远大的理想，在学习当中奋发图强，为我们实现中华民族伟大复兴的中国梦贡献自己的一份力量。好，同学们，这节课就上到这里，再见。

结　语

"我们的祖国就像一个大家庭，我和其他民族的小朋友团结在一起，共同建设我们美丽的祖国。"

"坚定不移听党话，矢志不渝跟党走。"

"继承红色记忆，传承革命精神。"

" 未来我们走上国际舞台，我们将会更自信、更自豪地说出我是中国人。"

" 我们要努力学习、奋发向上，争做新时代好少年。"

学习与感悟

问题一：我们该如何理解爱国统一战线？

问题二：什么是最大同心圆？我们应该如何画出最大同心圆？

问题三：中华民族伟大复兴的中国梦需要各族人民共同努力，在这个过程中，我们应该如何贡献自己的力量？

我的感悟

10

勇于自我革命

拍摄场景

天津市警示教育中心

本期主持人

吕　爽　天津市第四十一中学教师

本期嘉宾

故事分享人：王文相　天津市蓟州区纪委监委第四审查调查室
　　副主任

故事剖析人：杨　彧　天津市委党校（天津行政学院、中共天津
　　市委党史研究室）党的建设教研部（党建研究所）主任（所长）

学生

天津市河西区上海道小学学生

天津市第四十一中学学生

天津科技大学学生

环节一：开场

🎙 主持人：吕爽

同学们好！今天我们来到天津市警示教育中心，开展思政课实践教学，主题是"勇于自我革命"。人民群众为什么愿意跟党走？基本道理只有一个，那就是党切切实实地解决了中国在发展中遇到的问题，实实在在地为中国人民谋幸福，为中华民族谋复兴，这是新时代推进党的建设新的伟大工程的根本出发点。那么我们党作为百年大党，是如何永葆先进性和纯洁性，如何永葆青春活力的呢？自我革命是制胜法宝。什么是自我革命？新时代，党的自我革命有哪些特点？同学们又该如何养成自我完善、自我提升的好习惯呢？今天就让我们带着这些问题一起走进全面从严治党主题教育展馆，寻找答案。

旁白：

据《天津市第十一届纪律检查委员会第十次全体会议上的工作报告》统计，2021 年天津市纪检监察机关共约谈领导班子成员、重点岗位人员 16832 人次，处分"一把手"393 人。坚持失责必问、精准问责，全市问责落实"两个责任"不力党员领导干部 548 人。

此外，全市查处形式主义官僚主义问题 887 个，处分 868 人。常态化惩治涉黑、涉恶、腐败和"保护伞"，全市共立案查处问题 79 个，处分 104 人。

腐败，是人民群众最痛恨的现象，也是我党面临的最大威胁。保证干部清正、政府清廉、政治清明，事关人民群众的安居乐业及党和国家的长治久安。2021 年天津市各级纪委机关工作成绩斐然，凸显了天津市委、市政府反腐倡廉、勇于自我革命的决心和勇气。

环节二：故事分享

主持人：吕爽

今天，我们邀请到天津市蓟州区纪委监委第四审查调查室的王文相老师，来给大家讲述一个警示案例。欢迎王老师。

故事分享人：王文相

天津市蓟州区纪委监委第四审查调查室副主任
王文相

主持人好！同学们好！今天为大家讲解的是"90后"干部追求奢靡生活挪用公款案件。案件的主人公是天津市蓟州区人民法院下营法庭原法官助理王某某。

视频 王文相讲述警示案例

2013年，23岁的小伙王某某法学本科毕业，毕业后找工作的想法，排在第一位的是公务员，其次是金融企业法务部门，最后是律师。毕业当年他如愿以偿地考入了蓟州区人民法院成为一名公务员，被分配到民事审判庭担任书记员。法律专业出身的他，工作第一年就通过了国家司法考试，还曾凭借突出表现，获得了天津市法院系统先进个人等荣誉称号。2015年1月，王某某从民事审判庭调任执行局工作。"头脑灵光"的王某某很快掌握了执行案件的办案程序。工作还不满一个月，就在执行款上大动手脚，从一位被执行人公司账户扣划了26万元，转手将其中的24万元据为己有，并为父母购买了一辆轿车，当年春节就开回了老家。

2015年，王某某的一位朋友在一起执行案件中成为被执行人。该案正好交由王某某办理。朋友按照法院要求将执行款交给王某某，希望他尽快出具缴款凭证。王某某找出各种理由拖延搪塞，始终没有给他。离开执行局后，王某某为维持高档消费继续四处找钱，想到这起还没有出具缴款凭证的执行案件，便给朋友打电话，通知他继续上缴不存在的几万元执行款。不知个中缘由的朋友虽然充满疑惑，但是因为害怕，还是将执行款交了上去，也怕对自己造成不良的记录，又将钱款陆续一笔一笔打给王某某，王某某都是用于个人消费。直到案发后，这位朋友才知道王某某骗了他。

2015 年 3 月，王某某担任某交通肇事案件的执行干警。当时，被撞的老人已是一级伤残，家庭生活捉襟见肘，正等着事故另一方 15 万元的补偿金治病救人。王某某曾多次到老人家中，亲眼看到当事人卧床不起的艰难处境。即便如此，他还是将这笔钱用于个人花销。当事人家属多次到法院，王某某都坚称被执行人还没有将钱款交到法院。

2018 年 3 月，一起执行案件的当事双方私下达成和解，被申请执行人来到法院，欲将此前缴纳的执行款要回，王某某挪用公款的事情终于暴露了。此后，无论是法院监察室找他谈话，还是留置初期面对办案人员，只要是没有查实的内容，王某某都予以否认，不配合组织的调查。直到一项一项证据摆在他面前，他才承认了违法犯罪行为，并开始对自己知法犯法的严重错误有所反思。

2019 年 10 月 10 日，这名年轻的法院干警脱下了神圣庄严的制服，喝下了自酿的苦酒。王某某因贪污公款 50 多万元、挪用公款 50 多万元，被判处有期徒刑 4 年 6 个月，并处罚金 30 万元。在他心中，公务员全然不是为人民服务的神圣职业，而是社会地位的体现，更是谋取私利、满足私欲的工具和手段。

👤 **主持人：吕爽**

同学们，听了这个案例，大家有什么问题吗？

👤 **学生：张梓沫**

老师，您好！我是上海道小学四年级十二班的张梓沫，我想问问您，王某某考上了公务员，实现了自己的人生理想，是什么样的"契机"或萌芽，使他一步步亲手毁灭了自己的理想呢？

👤 **故事分享人：王文相**

视频 王某某是如何毁灭自己的理想的？

王某某人生理想的毁灭萌芽于虚荣心作祟。考上公务员是王某某的理想，如愿以偿成为一名公务员后，王某某感到"自己非常了不起"。在他心中，公务员全然不是为人民服务的职业，而是社会地位的体现，更直接的想法则是要通过权力获得各类社会的资源，将职权变现，为己所用。

案发后，办案人员在王某某的住所看到，

成排码放的大牌皮鞋，近万元的皮包，散落在餐桌与沙发上的中华烟、茅台酒……同样被关注到的，还有墙边的旧式包箱暖气和客厅桌椅上的明显磨痕。我们很难将各种高档消费品与这间陈旧的出租屋联系到一起，购买它们的花销也远远超过王某某经济能力所能承受的范畴。

令人匪夷所思的巨大反差背后，是王某某热衷虚荣攀比的心，是对奢靡生活的欲壑难填。虚假的荣耀，只会带来暂时的光环，为了维护这个光环，王某某一边夸大事实、编造谎言，一边不择手段地竭力维护自己为自己所编造的"幻境"，成了他走向违法犯罪的最初心理动因。然而，乾坤朗朗，日月昭昭，这种自欺欺人的"幻境"终会被现实所打破，而王某某也终将喝下自己为自己酿的苦酒。

🧑‍💼 主持人：吕爽

还有哪位同学要向王老师请教问题的？

🙋 学生：王淙鸣

老师，您好！我是天津市第四十一中学高二三班的王淙鸣。王某某明明是法律专业出身，又是法院的公职人员，而且还有过突出表现，应该比常人更加懂法、敬法、守法，可为什么他会知法犯法呢？

👐 故事分享人：王文相

贪污、挪用公款是违法犯罪行为，王某某不是不知道。用他自己的话说，刑法关于贪污贿赂罪是如何规定的，他"心里像明镜一样"。但是，王某某对法律却没有一丝敬畏，以为在法院工作就是进了"保险箱"，入职宣誓时"恪守法官职业

视频 王某某知法犯法的原因

道德、遵守法官行为规范"的承诺，也早已被他抛诸脑后。

在他心中，法条不但没有变成个人行为的有效约束，懂得裁判标准的他反而在违法犯罪的边缘一次又一次试探，最终突破底线，知法犯法。利用手中职权贪占执行款，是缺乏基本职业道德的表现。像王某某这样，不管当事人是朋友，还是瘫痪在床等着用钱的病人，能拿走的钱他都要占，完全无所顾忌，可以说到了道德沦丧的程度。

只有内心尊崇法治，才能做到行为遵守法律。要敬法之权威，不得轻起冒犯之心；畏法之严厉，时刻对照高悬的法律明镜，心有所畏、行有所止；养法之素质，牢固树立宪法和法律至上、法律面前人人平等、权由法定、权依法使等基本法治观念。只有这样才不会重蹈王某某的覆辙，才能行稳致远。

环节三：专家剖析

主持人：吕爽

我们了解了天津市蓟州区人民法院的一位"90后"年轻干部是如何一步步走向违法犯罪深渊的。而在这个案例中让我们更为关注的是他的年龄，与其他年龄段干部的腐化堕落相比，年轻干部的早节失守则更加令人叹息、引人警醒。经过不懈努力，好不容易才换来的锦绣前程，王某某为什么要亲手葬送呢？

今天我们邀请到了天津市委党校杨彧教授。杨老师，您好！欢迎您给同学们谈一谈。

人民视频 天津

天津市委党校党的建设教研部主任
杨彧

好 主持人好 同学们好

👤 故事剖析人：杨彧

主持人好！同学们好！

刚才听了王主任介绍王某某这个案件，这是
一个非常典型的青年公务员违法犯罪的案例。王
某某之所以走上犯罪的道路，我分析主要是两个
原因。第一个原因就是他的人生定位没有摆正，
世界观、人生观、价值观也出现了严重问题。他
把盲目追求高消费作为自己的人生价值。这是他
走上犯罪道路的一个最重要的心理原因。从一

视频 杨彧教授
解读王某某犯罪
的动机

定程度上来说，年轻人追求较高品质的生活也无可厚非。随着社会的
发展，我们的生活水平逐步提高。但是，案例中的王某某属于脱离实
际、过度消费、贪慕虚荣、盲目攀比的现象。我听到一些学校的老师和
同学反映，这种现象并不少见。所以，这个案例对我们现在的年轻人是
很有借鉴意义和警示意义的，这是第一点。第二点，王某某虽是法律专

业出身，但他仅仅知道这些法条是如何规定的，还远远不够。作为一个法律工作者，更重要的是要有法律信仰、法律精神。什么是法律信仰、法律精神呢？就是国家的法律对法律工作者来说，就是自己坚定不移的信仰。把法律精神融到自己的血液里，融到骨髓里，自己的言行以及工作态度、行为方式应该自觉遵守法律，并且日常工作中能够起到表率作用。这才是一个法律工作者应该做的，可是王某某虽然懂得法律知识，但却毫无法律信仰、法律精神。就像王主任刚才说的，没有敬畏之心，也没有想到法律规定是不是对自己造成惩罚，所以没有想到后果的严重性，这也是他走向堕落的重要原因之一。以上两点给我们重要启示是，年轻人不管是求学期间还是走上工作岗位后，都必须时刻注意改造自己，不断提高自己，不断完善，不断革新，这也就是我们现在常说的自我革命。社会需要自我革命，党需要自我革命，对我们个人来说也要有自我革命的精神，不断进行自我提升。

🎙 主持人：吕爽

感谢杨老师的分享，听了杨老师给大家的分析，大家有什么问题想要向杨老师请教吗？

✋ 学生：刘子睿

杨老师，您好！我是天津市河西区上海道小学的刘子睿，通过刚才王老师分享的案例，我了解到贪污腐败给党和人民带来的巨大损害，而您刚才也提到解决这一问题的有效办法，就是不断地进行自我革命，那到底什么是自我革命呢？

天津市河西区上海道小学学生
刘子睿

我了解到贪污腐败给党和人民带来的巨大损害

👤 故事剖析人：杨曧

好，这个同学问的这个问题非常好，抓住了今天讨论的主题。关于自我革命，先从革命说起。我们过去经常讲的革命主要指社会革命，就是不断变革社会生产关系，以逐步适应社会生产力的发展。我们常讲的革命主要是指一个阶级推翻另一个阶级的暴力革命，比如说过去封建社会的改

视频 什么是自我革命？

朝换代，这都属于革命。而我们现在讲的自我革命，主要是指我们中国共产党开展党的自身建设。从党的十八大以来开展的全面从严治党，就属于自我革命。

我们党就敢于刀刃向内，割除自己身上存在的毒瘤，使我们党不断得到自我完善、自我革新、自我净化。这指的是我们党的自我革命。当然，自我革命也可以推广到每个人。我们每个人都有一个自我革命的过程。这个自我革命就是刚才讲到的，不断地查找自己身上存在的缺点、

不足、问题，找到了以后及时进行改进，自己得到不断提高的过程，这对我们来说也是自我革命。

👤 主持人：吕爽

感谢杨老师，还有哪位同学想要向杨老师请教问题？

🙋 学生：王金豆

杨老师，您好！我是天津市第四十一中学高二一班的王金豆。我知道我们在历史课本中学过像八七会议、遵义会议、延安整风等历史事件，都是我们党一次次自我革命的体现，所以我一度认为在革命战争时期自我革命至关重要。而刚刚听了王老师讲解的在新时代我们身边的一些年轻干部的腐败案例，我才深刻地认识到在现如今的和平年代，自我革命依然非常重要。您能不能深入地给我们讲一讲为什么在现如今的和平盛世我们还要进行自我革命呢？

视频 和平盛世还需要自我革命吗？

💡 故事剖析人：杨彧

中国共产党的历史就是一部不断自我革命的历史。我们党在民主革命时期就非常重视党的建设，这个过程实际上就是自我革命的过程。民主革命时期，因为环境的严酷，时刻面临强大敌人的"围剿"，所以我们党必须时刻严格地要求自己，不断进行自我革命，否则的话我们党就无法

生存下来，这是当时形势所迫。和平时期，我们党执了政。执政条件下，我们党掌握了国家政权，手里有了权，也掌握了各方面的国家资源，而没有了革命战争年代那种遭受强大敌人围追堵截那种环境。所以和平时期实现自我革命，就更加困难，要自觉地实现自我革命，需

要有高度的自觉、高度的清醒才能做到，很不容易。和平时期仍然需要进行自我革命，不是说和平了、我们掌权了就不需要自我革命了，这是不对的，因为和平时期我们仍然有很多问题，从国家各方面的制度机制来说，还有不少不完善的地方、不健全的方面，需要进行改革，所以邓小平同志讲改革也是革命，这实际上也是我们社会主义制度的自我革命。

我们党也是需要自我革命的，因为我们党在和平时期滋生了不健康的因素，比如说腐败现象、官僚主义、形式主义等不正之风。那么对这些不正之风，我们就需要发扬自我革命的精神，来坚决地予以清除。讲革命必须下坚定的决心，毫不客气毫不留情，这是因为我们自我革命是对自己动刀，就像医生给别人做手术没问题，给自己做手术是不容易的。割掉自己身上的肿瘤是很痛苦的一件事。和平时期消除我们党内存在的不正之风，也需要有这种精神，因为也很不容易，所以一定要发扬这种自我革命精神。对我们个人来说也是这样，我们身上存在的缺点、毛病，自己自觉地改正，也不是那么容易的，所以必须得发扬自我革命精神。

主持人：吕爽

谢谢杨老师。还有哪位同学要提问?

学生：张桐

杨老师，您好！我是天津科技大学马克思主义学院的张桐，对于日后大部分没有机会走向领导岗位的普通青年而言，在生活中我们应该如何进行自我完善、自我提升呢?

对于日后大部分没有机会走向领导岗位的普通青年而言

故事剖析人：杨彧

视频 生活中如何完善自我，提升自我？

　　我想首先应该是加强思想修养，人的行为是由思想支配的，有什么样的思想就会有什么样的行为，如果思想上出了偏差，那么行为上肯定也会出偏差。世界观、人生观、价值观是个总开关，也就是说思想是个总开关，这个开关把不好，后面的行为就可能出问题，所以要不断地改造自己的思想，改造自己思想的过程也是一个思想上自我革命的过程。思想上的自我革命，就在于经常发现自己思想上有哪些正确的东西、哪些不正确的东西、哪些经常审视一下，不正确的马上改正，正确的我们继续发扬。从行为角度讲，我们要经常审视自己的行为是不是正确，到底有没有问题。大的方面是从对国家我们应尽什么职责，对党和国家的事业应该保持一个什么样的态度，怎么样做好我们从事的事情，这是一种行为的表现，对具体待人接物，处理日常事务，也经常有具体的行为。

要做到思想和行为方面的自我革命，我想基本保证是加强学习。思想的改造需要学习，那么行为的形成、良好习惯的养成也需要学习。学习一般是两种途径，一种是从书本上学，我们在座各位都是年轻的学生，也正在学习当中，现在咱们主要是从书本上学习。另一种，还需要从实践中学，就是经过社会的亲身体验，自己逐渐有所感悟，有所提高。自我革命无穷无尽，是我们一生之中始终要坚持的一个基本的人生准则。

🎙 **主持人：吕爽**

感谢杨老师的精彩分享，让我们对自我革命有了更深入的了解，希望同学们能够学有所获，学以致用。在今后的学习和生活中，思想上勇于自我革命，不断提高思想道德修养，还要养成良好的行为习惯。我们在学中做，做中学。今天这节课我们就学习到这里，感谢杨老师，感谢同学们，再见。

结　语

"吾日三省吾身，我们要以'君子检身，常若有过'作为自我磨砺，寻找自身的差距，展现出新时代大学生的精气神。"

"最非凡的成功不是超越别人，而是战胜自己。最可贵的坚持不是久经磨难，而是永葆初心。"

"打铁必须自身硬，我们要不害怕批评与自我批评，使自己不断进步，成长为新时代的好少年。"

学习与感悟

问题一： 什么是"自我革命"？谈谈你的理解。

问题二： 在和平盛世的年代里，我们还需要"自我革命"吗？

问题三： 在利益的诱惑下，我们应该如何守住自我？

我的感悟

视频索引

后记

　　2021年是中国共产党成立100周年。中共天津市委宣传部、中共天津市委教育工委、天津市教育委员会、人民网策划推出"初心映照新时代——天津红色资源润心式大中小学全媒体思政课"。经过一年的精心准备和制作，2022年5月，10节课在"人民网+"客户端、人民网官方微信播出完毕。

　　截至2022年5月30日，人民网平台总浏览量达1.02亿。开播稿件《19:00，开课！》在人民网官方微信推出后，一小时内阅读量突破10万+；人民网官方微博发布课程短视频，单条阅读量达200万+。开设新浪微博话题"初心映照新时代""张伯礼也曾因大学选专业而苦恼""张伯礼鼓励抗疫年轻医护者""于敏35岁转行投身氢弹研究"，总阅读量3005.5万。课程同步在天津16个行政区及重要商圈户外大屏滚动播放。网友纷纷留言表示，"这样的形式好，家长与学生一起学习进步""对天津的红色精神有了深入认识""天津的思政课创新既有思政课教师讲的'道'，也有思政课创新的'术'，还有付诸实际的'行'"。

　　历史是最好的教科书。我们编辑此集，不仅在于感谢所有为全媒体思政课付出辛勤劳动的同志们，也寄托了为天津思政课实践教学和红色资源集成创新探索继续作为的深切期盼。

　　"人民英雄"张伯礼院士，全国优秀共产党员孟祥飞、林则银，"中国氢弹之父"于敏后人、"登高英雄"杨连第烈士后人、抗日名将吉鸿昌后人、奥运冠军李珊等社会正能量人士，以及程印波、徐中、刘东志、吉承恕、苗苗、王培军、纪亚光、孙兰英、杨或、张健、张泽玲、肖光文、赵书昭、王慧娟、王文相、朱爱武、郑志萍、史平、林茂、张晓曦、张喆、邢璐、刁晓晶、吕爽、迟爱民等专家教师与学生面对面，为同学们直面现实的大胆发问解疑释惑，引发青少年一代的共鸣和理性思考。

觉悟社旧址、天津港、天津市和平区朝阳里社区志愿服务展馆、李大钊烈士纪念室、天津滨海—中关村协同创新展示中心、国家超级计算天津中心、耀华中学（攻克国民党守军天津市内最后一个据点旧址）、平津战役纪念馆、天津市体育博物馆、天津博物馆、天津市警示教育中心为同学们提供红色资源沉浸式的教学场景；任福义、唐若裴、程治强、赵书昭、李楠、王慧娟、潘坤、汪锋华等老师参与撰写了课程的脚本，20余所大中小学的学生全学段参与，使得学生真正成为思政课教学的主体，推动"思政小课堂"与"社会大课堂"紧密结合。

特别感谢中共天津市委宣传部、中共天津市委教育工委、天津市教育委员会、人民网领导同志的指导支持。本课程项目由中共天津市委教育工委学生思想教育与管理处、中共天津市委宣传部宣教处、天津市大中小学思政课一体化教学研究联盟、天津科技大学、人民网天津频道协办，诚挚感谢领导、老师们的大力帮助和辛勤付出。天津市大中小学思政课一体化教学研究联盟是由中共天津科技大学党委申请，经中共天津市委教育工委、天津市教育委员会批准设立的组织，联盟承担天津市大中小学校思政课一体化建设的整体规划，广泛开展大中小学思政课一体化跨学段集体备课、示范课建设、教学改革研究、专家讲座、培训等教研活动。

衷心感谢人民网协调部、事业发展部、社交媒体部、移动内容部、移动产品部、全媒体制作二部、全媒体制作三部、人民网天津频道领导同志们在剪辑包装、设计制作、课程播出、传播推广、多方协调中的全情投入、全心付出。

需要说明的是，本书文字均根据视频整理而成，因口语表达和文字表达不同，在不改变原意的情况下对部分表述做了调整。虽然编者尽了最大的努力，但是因为时间仓促，难免留下一些遗憾，希望大家批评指正。

本书编写组

2022 年 8 月